ZHANYE JISHU CHUANGXIN
SHENGTAI XITONG YUNXING YANJIU

产业技术创新
生态系统运行研究

王纯旭◎著

课题来源：哈尔滨学院青年博士科研启动基金项目，课题编号：HUDF2017218

人民日报出版社

图书在版编目（CIP）数据

产业技术创新生态系统运行研究 / 王纯旭著. —北京：人民日报出版社，2018.6

ISBN 978-7-5115-5503-8

Ⅰ.①产… Ⅱ.①王… Ⅲ.①产业经济—技术革新—生态系统—研究—中国 Ⅳ.①F124.3

中国版本图书馆CIP数据核字（2018）第107219号

书　　　名：	产业技术创新生态系统运行研究	
作　　　者：	王纯旭	
出 版 人：	董　伟	
责任编辑：	袁兆英	
封面设计：	中尚图	
出版发行：	人民日报出版社	
社　　　址：	北京金台西路2号	
邮政编码：	100733	
发行热线：	（010）65369527　65369512　65369509　65369510	
邮购热线：	（010）65369530	
编辑热线：	（010）65363105	
网　　　址：	www.peopledailypress.com	
经　　　销：	新华书店	
印　　　刷：	北京盛彩捷印刷有限公司	
开　　　本：	710mm × 1000mm　1/16	
字　　　数：	154千字	
印　　　张：	12	
印　　　次：	2018年6月第1版　2018年6月第1次印刷	
书　　　号：	ISBN 978-7-5115-5503-8	
定　　　价：	42.00元	

摘　要

　　产业技术创新能力的提升已经成为我国经济发展迫切需要解决的问题之一，产业长期竞争优势的保持，需要超越产业自身的视角，关注于整个产业创新生态系统的协同演进。因此，本书综合运用生态学理论、技术创新理论、耗散结构论等科学理论，对产业技术创新生态系统运行进行了深入研究，分析了产业技术创新生态系统的内涵及功能，论述了产业技术创新生态系统运行机制，构建了产业技术创新生态系统运行评价模型并提出了促进产业技术创新生态系统稳定运行的对策建议，力争从生态系统的新视角探索提高我国产业技术创新能力和产业国际竞争力的有效途径。

　　首先，对产业技术创新生态系统的构成及运行理论基础进行了研究。将产业技术创新与生态系统进行对比，科学界定了产业技术创新生态系统的内涵，分析了产业技术创新生态系统的构成，在阐述耗散结构论基础理论及其主要内容的基础上，论述了产业技术创新生态系统在运行中具有耗散结构特性，诠释了产业技术创新生态系统的功能，分析了产业技术创新生态系统稳定运行的特征。

　　其次，对产业技术创新生态系统运行机制及关键要素进行了研究。论述了产业技术创新生态系统的三大运行机制，即创新动力机制、合作与竞争机制和创新收益分配机制。通过专家访谈、问卷调查等方法甄别出产业技术创新生态系统运行中的关键要素，按其功能的不同将这些关键要素分布在结构、技术和外部三个维度上，并对各项关键要素进行了分析，进而构建了产业技术创新生态系统运行关键要素结构模型。

再次，对产业技术创新生态系统运行的评价模型进行了研究。本书在遵循完备性、科学性和层次性原则的基础上构建了产业技术创新生态系统运行评价指标体系，分别在结构维度、技术维度和外部维度三方面设计了调查量表，构建了初始评价指标体系的层次结构。基于遗传层次分析法完成了对各项指标的赋权，通过对样本的信度及效度分析实现了对评价指标体系的进一步优化，并论述了组合评价方法的优点及评价步骤。

最后，进行了产业技术创新生态系统运行的实证与对策研究。以电信产业为例，进行了电信产业技术创新生态系统运行的实证研究，分析了电信产业技术创新生态系统的生命子系统及环境子系统构成，基于样本数据分别用因子分析法、主成分投影法及集对分析法进行了系统运行评价，再应用基于粒子群算法的组合评价法将以上三种单一评价方法进行了科学组合，得到电信产业技术创新生态系统运行状况指数，并对影响电信产业技术创新生态系统运行的各项指标进行排序。本书结合电信产业技术创新生态系统运行评价结果，从充分发挥政府和企业作用两方面提出了相应的对策建议。

目　录

第1章　绪论 ………………………………………………………… 001

1.1　本书研究的背景、目的与意义 ………………………………… 001

1.1.1　本书研究的背景 ……………………………………… 001

1.1.2　本书研究目的与意义 ………………………………… 004

1.2　国内外研究的动态 ……………………………………………… 005

1.2.1　产业技术创新的研究动态 …………………………… 005

1.2.2　技术创新系统的研究动态 …………………………… 008

1.2.3　创新生态系统的研究动态 …………………………… 020

1.2.4　国内外研究动态评述 ………………………………… 023

1.3　本书研究的内容与方法 ………………………………………… 026

1.3.1　本书的研究内容 ……………………………………… 026

1.3.2　本书的研究方法 ……………………………………… 028

1.4　本书研究的创新之处 …………………………………………… 029

第2章　产业技术创新生态系统构成及运行理论基础研究 ………… 031

2.1　产业技术创新生态系统内涵 …………………………………… 031

2.2　产业技术创新生态系统特征 ·················· 037

2.3　产业技术创新生态系统的构成 ·················· 039

　　2.3.1　生命子系统 ·················· 040

　　2.3.2　环境子系统 ·················· 043

　　2.3.3　产业技术创新生态系统种群生态位分析 ·········· 044

　　2.3.4　产业技术创新生态系统层次结构 ·········· 046

2.4　产业技术创新生态系统的功能 ·················· 047

2.5　产业技术创新生态系统运行理论基础 ·········· 049

　　2.5.1　产业技术创新生态系统运行稳定性内涵 ·········· 049

　　2.5.2　产业技术创新生态系统运行耗散结构研究 ·········· 052

2.6　产业技术创新生态系统稳定运行的特征 ·········· 058

2.7　本章小结 ·················· 060

第3章　产业技术创新生态系统运行机制及关键要素研究 ·········· 061

3.1　产业技术创新生态系统运行机制研究 ·········· 061

　　3.1.1　创新动力机制 ·················· 062

　　3.1.2　竞争与合作机制 ·················· 069

　　3.1.3　创新收益分配机制 ·················· 073

　　3.1.4　三大运行机制的关系 ·················· 077

3.2　产业技术创新生态系统运行关键要素筛选 ·········· 078

　　3.2.1　关键要素初选 ·················· 078

　　3.2.2　关键要素确认 ·················· 080

3.3　影响产业技术创新生态系统运行关键要素分析 ·········· 083

　　3.3.1　结构维度上的要素分析 ·················· 084

　　3.3.2　技术维度上的要素分析 ·················· 086

　　3.3.3　外部维度上的要素分析 ·················· 088

3.4 产业技术创新生态系统运行关键要素结构模型 ……………… 091

3.5 本章小结 ……………… 092

第4章 产业技术创新生态系统运行评价模型研究 ……………… 094

4.1 产业技术创新生态系统运行评价模型构建思路 ……………… 094

4.2 产业技术创新生态系统运行评价指标体系的构建原则 ……………… 095

4.3 产业技术创新生态系统运行评价指标的选取 ……………… 096

   4.3.1 结构维度上的要素量表设计 ……………… 096

   4.3.2 技术维度上的要素量表设计 ……………… 097

   4.3.3 外部维度上的要素量表设计 ……………… 098

   4.3.4 初始指标体系的层次结构 ……………… 099

4.4 产业技术创新生态系统运行评价指标的赋权 ……………… 101

   4.4.1 遗传层次分析法的建模 ……………… 104

   4.4.2 各指标权重的计算 ……………… 108

4.5 产业技术创新生态系统运行评价指标体系优化 ……………… 110

   4.5.1 样本的描述性统计 ……………… 110

   4.5.2 样本的信度和效度分析 ……………… 113

4.6 产业技术创新生态系统运行评价方法选取 ……………… 121

   4.6.1 组合评价法简述 ……………… 122

   4.6.2 组合评价法步骤 ……………… 123

   4.6.3 系统运行状况指数标准 ……………… 125

4.7 本章小结 ……………… 125

第5章 产业技术创新生态系统运行实证研究 ……………… 126

5.1 电信产业技术创新生态系统的构成 ……………… 126

   5.1.1 生命子系统的构成 ……………… 126

5.1.2　环境子系统的构成 …………………………………… 129

5.2　电信产业技术创新生态系统的运行 ……………………………… 130

5.2.1　电信产业技术创新生态系统的创新动力 ………… 130

5.2.2　电信产业技术创新生态系统内的竞争与合作 …… 131

5.2.3　电信产业技术创新生态系统内的创新收益分配 … 133

5.3　电信产业技术创新生态系统运行实证数据分析 ……………… 133

5.4　基于单一方法的电信产业技术创新生态系统运行评价 …… 135

5.4.1　基于因子分析法的评价 ……………………………… 136

5.4.2　基于主成分投影法的评价 …………………………… 137

5.4.3　基于集对分析法的评价 ……………………………… 138

5.5　基于组合方法的电信产业技术创新生态系统运行性评价 … 139

5.5.1　粒子群算法基本步骤与运用原理 ………………… 139

5.5.2　基于粒子群算法的组合评价 ………………………… 142

5.6　本章小结 ……………………………………………………………… 145

第6章　促进产业技术创新生态系统稳定运行的对策 ……………… 146

6.1　强化政府创新政策支持作用 ……………………………………… 146

6.1.1　强化经济政策引导 …………………………………… 147

6.1.2　加强基础设施建设 …………………………………… 148

6.1.3　促进人才队伍建设 …………………………………… 149

6.1.4　完善科技中介服务 …………………………………… 149

6.1.5　鼓励企业、高校与科研院所技术合作 …………… 150

6.2　增强企业技术创新能力 …………………………………………… 151

6.2.1　充分发挥关键种企业作用 …………………………… 151

6.2.2　加强企业创新技术扩散能力 ………………………… 152

6.2.3　加强企业技术创新管理能力 ………………………… 154

6.3　本章小结 ……………………………………………………………… 155

结　论···　156

参考文献···　159

致　谢···　172

附录1　产业技术创新生态系统运行关键要素初选问卷　············　174

附录2　产业技术创新生态系统运行调查问卷　····················　178

第1章　绪论

1.1　本书研究的背景、目的与意义

1.1.1　本书研究的背景

（1）产业技术创新能力的提升已经成为我国经济发展迫切需要解决的问题之一

纵观我国改革开放以来的经济发展情况，我国经济保持了快速、持续、强劲的发展趋势，GDP 总值也在世界前列。但是产业技术创新主要指标严重滞后于经济发达国家的现状，成为我国产业未来国际竞争力提升的隐患。主要表现在我国产业技术创新能力相对薄弱，引进技术仍然是我国产业技术进步的主要途径，国内产业技术供给尚处于从属地位，最能体现核心竞争力的高新技术产业在中国仍然处于受制于人的境地。同时，跨国公司利用其技术垄断地位索取高额技术转让费，进一步加强对我国相关企业的技术控制，迫使国内企业接受跨国公司主导产业的国际产业分工。在市场彻底开放的情况下，中国企业不能掌握核心技术，很容易失去与外资企业合作的机会。可见，对引进技术的依赖程度过高已经成为中国产业发展的一大障碍，产业技术创新能力的提升已经成为我国经济发展迫切需要解决的

问题之一，能否提高我国产业国际竞争力，加快促进经济发展，关键取决于我国产业技术创新能力的高低。产业技术创新能力对于一个国家产业的发展和提高其国际竞争力有着决定性的作用。

（2）技术创新需要创新系统内各伙伴企业的互补性协作已成为必然趋势

21世纪的创新具有与以往不同的新变化，随着经济和科学技术的发展，人们对产品的需求也不断地提高，单个企业的创新很难成功。比如一辆技术先进、配置高级的法拉利轿车在没有汽油和高速公路的情况下，它只能成为博物馆的陈列品；飞利浦、索尼、汤普林等公司早在20世纪90年代就开发出超高清画质的电视机，但由于影像制作设备、信号压缩技术等关键性配套设备的不健全而未能占有大众化市场；米其林公司率先于1997年研发出防爆轮胎，但由于现有车型没有装配与之相配的特定电子系统，因此没有厂商愿意购买，米其林耗费9年时间与汽车厂商、修车厂、经销商等谈判并培训才使这款创新产品成为少数几个车型的标准装备。仅从技术层面上讲，以上几个企业都是成功的，但这些技术推动的创新为什么失败呢？Ron Adner的观点正可以解释这种现象，他认为，企业创新通常不是单个企业可以完成的功绩，而是要通过它与一系列伙伴的互补性协作，才能打造出一个真正为顾客创造价值的产品。可见，单个企业或产业竞争优势难以形成并长期保护，只有与系统中的合作伙伴建立一种相互依赖的关系，才能维持系统结构和功能的相对稳定[1]，而创新生态系统作为一种协同整合机制，正可以满足系统内伙伴企业间的这种相互依赖关系，促进相互间的互补性协作。

（3）促进技术创新生态系统稳定运行已经成为产业创新系统发展的必然要求

对于任何系统而言，稳定性的研究和表述都是极为重要的，因为不可控或不稳定的系统要在生产实践中长期维持是很困难的。对产业创新生态系统而言，同样存在着各种变量不断推动着系统进行各种变化，尤其是在当前经济全球化的背景下，高新技术产业逐渐成为发达国家的主导产业，当代国际产业转移从 20 世纪 90 年代出现的浪潮推动发达国家将低端生产技术加速向发展中国家进行产业转移。在这样的国际环境中，产业创新生态系统的知识基础、技术、学习过程、参与者的结构和数量、制度环境和网络的形式等各不相同，从而造成不同的产业创新生态系统之间存在很大的差异，即使同一产业创新生态系统，在不同时期，它的结构和组织形式等也会有变化。在产业创新生态系统的发展中，当受到外界干扰时会出现偏离某一状态的不稳定现象，从而形成涨落，正是这种涨落引起技术创新的产生，推动技术创新的发展，也推动着技术创新系统的不断演化。因此技术创新生态系统的发展是个动态发展的过程，只有保持并增强系统动态稳定性才能保证系统总是趋于某一状态，按照一定的范式运行，不断地推动技术创新生态系统向着有益于增强技术创新能力的方向发展，这也是推动产业创新生态系统发展的必然要求。

在这种背景下，越来越多技术创新领域的学者开始寻求新的理念、方法力求改善这种状况，产业技术创新生态系的研究逐渐开始成为学者们研究的新领域，即借鉴生态学的理论，综合技术创新系统本身的实际及其特点，研究产业技术创新系统问题，超越产业自身的视角，关注于整个产业创新生态系统的协同演进。本书尝试综合运用生态学理论、技术创新理论、系统科学理论、产业经济发展理论构建产业技术创新生态系统，并对产业技术创新生态系统的影响因素进行深入研究，探索我国产业技术创新绩效提高的途径，力求成为开展产业技术创新生态系统研究的引玉之砖。

1.1.2 本书研究目的与意义

本书研究的主要目的是：从生态理论的视角开展对产业技术创新系统的研究，着重研究该系统中的运行问题，在对产业技术创新生态系统影响因素进行分析的基础上，提出测度其运行的指标体系，并通过优化算法对系统运行状况进行定量评价，进而有针对地提出促进产业技术创新生态系统稳定运行对策，以期为政府与相关研究人员制定政策提供帮助。

对产业技术创新生态系统运行进行分析研究，能够丰富与拓展产业创新学的理论，为该领域的研究提供新方法、新思路，研究我国产业技术创新生态系统运行将具有重要的理论和实践指导意义。

（1）对丰富与发展产业技术创新生态系统理论具有重要意义

关于产业技术创新的研究，一直以来都是学术界关注的焦点，但是引入生态学理论进行技术创新的相关研究尚处于起步阶段，现有研究多集中在企业和区域层面，且未形成系统的研究框架。本书以技术创新、生态学、系统科学、统计学、协同学等理论为依据，基于产业技术创新的目标，将生态学思想引入产业技术创新的研究中，构建系统的研究框架，深入探究产业技术创新生态系统的运行机制、影响因素、稳定测试等问题。此项研究有利于拓宽技术创新的研究领域，有利于丰富和发展产业技术创新生态系统的理论和研究方法，具有重要的理论意义。

（2）对促进我国产业技术创新生态系统稳定运行具有实践指导意义

在我国经济高速增长、经济增长方式转变的国情下，产业技术创新生态系统运行影响因素众多，本书构建了产业技术创新生态系统影响因素结构模型，对产业技术创新生态系统运行进行评价研究，有利于找到影响该系统运行的重要因素，从获取政府支持、提高技术水平、保持成员多样性等方面提出有针对性的对策，这不仅能够为提高产业技术创新生态系统稳定运行提供有益思路，而且对于提高我国产业技术创新的成功率、增加我国产业技术创新能力具有较强的实践指导意义。

1.2　国内外研究的动态

1.2.1　产业技术创新的研究动态

美籍奥地利经济学家约瑟夫·熊彼特（J.A.Schumpeter）1912 年在《经济发展理论》一书中，首次提出了技术创新的概念，这是技术创新理论起源。他认为"技术创新是资本主义经济增长的主要源泉"，并将创新解释为"把生产要素和生产条件的新组合引入生产体系，即生产函数的变动"[2]。这一理论又在以后的其他著作《经济周期》、《资本主义、社会主义和民主主义》中加以运用和发挥。随后，理论界对技术创新的概念进行了激烈的探讨和争论，虽然学者们的观点各有不同，但是技术创新对企业的影响，以及企业技术创新行为和实践得到广泛的关注和认可。随着科技的高速发展，人们对技术服务创新的经济作用日益关注，理论界从不同角度开始对技术创新理论开展深入的研究。现代学者们正是在熊彼特的创新理论基础上进行扩展和深入研究，从国家创新、产业创新、企业创新等方面对技术创新等方面取得了一定的成果，然而目前关于技术创新的研究，侧重于企业的角度进行研究，而从中观的角度对产业技术创新的研究还较少，未成体系。

（1）关于产业技术创新概念的研究。Freeman（1997）首次提出了产业创新理论，认为产业创新包括技术和技能创新、产品创新、流程创新、管理创新（含组织创新）和市场创新[3]。在我国，学者们普遍认同的是庄卫民、龚仰军（2004）等在《产业技术创新》一书中的定义，即认为产业技术创新是以市场为导向，以企业技术创新为基础，以提高产业竞争力为目标，以技术创新在企业与企业、产业与产业之间的扩散为重点过程的从新产品或新工艺设想的产生，经过技术的发展、生产、商业化到产业化整个过程的一系列活动的总和[4]。于小飞（2006）等其他学者则认为产业技术创新是对产业发展的共性技术、关键技术的研发和推广，是对在多领域内已经或未来可能被广泛应用，其研究成果可共享并对整个产业或多个产业及企业产生深度影响的一类共性技术、关键技术的创新[5]。可见，庄卫民、龚仰军侧重于从技术创新产生及发展的过程来论述，于小飞等人则重点强调了产业发展的共性技术和关键技术的创新。

（2）关于产业技术创新能力及评价的研究。Porter（2002）对产业技术创新的竞争力进行了研究，指出产业技术创新的竞争力取决于要素条件、需求条件、产业结构、企业策略、结构与竞争者、机遇与政府行为六个要素[6]。肖鹏，刘兰凤（2016）基于可获得的统计数据，对于高技术产业技术创新能力进行评价，从技术创新投入、技术创新产出和技术创新环境三大方面提出了18项指标的评价体系[7]。白恩来，赵玉林（2015）设计高技术产业技术创新绩效的结构方程，重点考察了各高技术产业以技术消化、吸收、改造为核心的技术进步对技术创新的路径贡献差异，分析了各高技术产业技术创新能力，并就提升高技术产业的技术进步水平和技术创新能力提出了相应的政策建议[8]。段婕（2014）在对产业技术创新能力决定因素进行分析的基础上，对产业技术创新能力进行了综合评价，从创新资源投入能力、创新活动水平、创新产出水平三个方面构建了产业技术创新能力评价指标体系[9]。此外还有郑树旺，徐振磊（2016）基于 PLS 对东北三省高技术产业技术创新能力进行评价[10]，建立技术创新能力评价指标体系并进行综合评价，以此发现东北三省高技术产业技术创新能力深层问题；王敏，辜胜阻（2015）综合运用统计分析方法和数据包络分析方法，从投入能力、产出能力和创新效率三个方面对其技术创新能力进行系统评价，通过对中国高技术产业技术创新能力的实证分析[11]。

（3）关于产业技术创新的影响因素及政策的研究。Henisz，Zelner（2001），Hemmert（2004）等人从 R&D 人员、可用的外部知识源（公司和研究机构）、政治、法律、管理环境以及知识转移组织等方面分析了制度环境对产业技术创新的影响[12]。高敏（2004）对市场集中度、产业内企业规模、产权制度基础、产业开放程度等因素对电子产业技术创新的影响，进行了实证分析，结果表明市场集中度、产权制度变化与产业创新能力相关性不强，产业规模的扩大、产业内大企业比重的提高、进口增长与产业创新正相关，对创新有促进作用，而产业内企业平均规模、出口额与产业技术创新负相关[13]。汪方胜，蒋馥（2005）研究了我国产业技术创新的现状，提出了提高我国产业技术创新水平的对策[14]。黄涛珍，任淑林（2006）利用实证数据，通过对我国产业技术创新能力指标的分析，剖析了我国产业技术创新现状，从企业、产业、国家三个层面上分别提出了提高我国产业技术创新能力的对策建议。李煜华，王月明（2015）为了探究战略性新兴产业技术创新的影响因素及其之间的关系，构建战略性新兴产业技术创新影响因素的结构方程模型，结合问卷调查结果运用结构方程模型和因子分析法验证假设结果表明政府干预、企业协同创新、高校及科研机构的参与、产业内组织单元的互搏意愿、关键资源、运营管理对战略性新兴产业技术创新有显著影响[15]。施伯琰、王英（2008）对我国医药产业技术创新的影响因素进行了分析，指出科技进步、政策法规、市场需求、创新投入、产业结构、技术和设备水平等十一个方面的因素影响着医药产业的技术创新。

可见，国内外对产业技术创新研究主要集中在对产业技术创新含义、创新能力、影响要素、政策建议等方面，但研究成果较为分散，难成体系，特别是对影响产业技术创新的各种因素的作用机理研究不够深入。

1.2.2　技术创新系统的研究动态

随着技术创新研究的不断深入，进入 20 世纪 80 年代后期，出现了一个从系统的观点来研究创新的新思路。无论是国家层面上创新，还是区域层面上、产业层面上的创新，都可以看作是一个由多种要素及其相互关系组成的一个系统，即创新系统（Innovation system），系统论的发展正好为研究技术创新系统提供了理论支持，学者们纷纷尝试运用系统论的观点来研究创新问题，并取得了较大的研究进展。而目前系统论在创新研究中的应用主要集中在国家创新系统、区域创新系统、产业创新系统和企业创新系统几个方面。

1.2.2.1　关于国家创新系统的研究

Freeman（1987）在《技术和经济运行：来自日本的经验》一书中，首次提出了国家创新系统（National Innovation System，NIS）的概念[16]。此后，学者们和研究机构对 NIS 提出了不同的定义，其中，OECD（1997）对 NIS 的定义被普遍接受，即认为 NIS 是由参加新技术发展和扩散的企业、大学和研究机构组成，是一个为创造、储备和转让知识、技能和新产品的相互作用的网络系统[17]。目前学者们关于 NIS 的研究主要集中于国家创新系统的结构、绩效和政策影响等三个方面。

（1）关于国家创新系统结构的研究。Lundvall（1992）从微观角度分析了国家创新系统的构成，指出国家创新系统是以正反馈和再生产为特征的一个动态系统，认为国家创新系统的核心就是生产者和用户相互作用的学习活动[18]。Nelson（1993）对 15 个国家的创新系统进行了比较分析，指出企业、大学体系与国家技术政策之间的相互作用是国家创新系统的核心[19]。霍烽（2014）认为在国家创新系统内，除了各种不同的要素、组织机构以及关键因素外，更重要的是创新系统内各种要素之间的交互作用[20]。我国学者张杰，柳瑞禹（2003）认为国家创新系统由企业、大学、科研机构、中介机构和政府部门构成，其中企业是创新主体、科研机构和大学是重要的创新源和知识库，政府的作用是营造良好的创新环境，中介机构是沟通知识流动的重要环节[21]。

（2）关于国家创新系统绩效的研究。Liu，White（2001）认为国家创新系统的已有研究缺乏系统层面的解释因素，因此，他们从系统的特点出发，侧重于系统内活动的分布、周围的组织边界、协调机制、进化过程，以及系统的有效性引进、技术创新扩散和开发等方面研究了系统内的创新行为，并围绕着研发、实施、最终用途、教育、联系等五项基本活动，提出了一种分析国家创新系统结构和绩效的通用框架[22]。Furman，Porter，Stern（2002）引入了国家创新能力的概念对国家创新系统的绩效进行分析，研究发现各国之间创新能力的差异来源于对创新的专门投入（研发人力和开支）水平的差别、与科研生产力相关的差异；指出国家创新能力取决于一国基础创新设施的强度、一个国家的产业集群创新环境，以及这两者之间的联系强度[23]。Nasierowski，Arcelus（2003）设计了两步模型以评估国家创新系统的效率。模型用于分析一国科技效率与科技生产率之间的关系，辨别出效率和组成成分的差异对国家生产率的影响程度，研究还发现从国外获得的技术、国内技术的强度、技术人力资本水平是影响 NIS 创新绩效的关键方面[24]。Chang，Shih（2004）引入了政策制定、研发执行、研发资金、人力资源发展的提升、技术连接、企业家精神 6 个函数，构建了一个分析模型，研究表明知识流动的效果决定了国家创新系统的创新绩效，指出系统内部的研发合作、非正式的交流、技术扩散和人才的流动是影响国家创新系统动力和效率的四种形式[25]。我国学者平力群（2016）通过对弗里曼对日本国家创新系统的研究，分析日本国家创新系统的创新激励机制及其临界性对创新效率、经济绩效的影响，指出日本经济绩效的逆转是缘于日本国家创新系统创新效率的降低[26]。温珂，苏宏宇，Scott Stern（2016）从"巴斯德象限"理论出发，以中科院为研究对象，观察公立科研机构在创新政策激励下的功能变化，进而审视我国国家创新系统的建设绩效，为检验国家创新系统绩效提供了新视角[27]。学者胡晓鹏（2006）等提出知识流动的效果是决定国家创新体系创新效能的关键，指出企业合作、公共和私营部门的相互作用、技术扩散以及人员流动是国家创新系统中知识流动的最主要形式，并指出国际知识流动的重要作用[28-29]。

（3）关于国家创新系统政策的研究。随着国家创新系统理论研究框架的不断完善，运用案例和实证分析对国家创新系统进行政策研究的方法备受学者们的青睐。Intarakumnerd，Chairatana，Tangchitpiboon（2002）对泰国进行案例研究，指出企业、大学、政府部门等创新主体之间缺乏互动是发展中国家与发达国家创新系统产生绩效差距的主要原因；与发达国家相比，发展中国更加注重资本的积累，因而更应该加强对无形资产（如知识）和学习的关注度[30]。Viotti（2012）以巴西和韩国为创新失败和创新成功的代表性案例，从劳动力学习和培训的形式、技术获得形式、技术学习的资源投入、科研成果的产出等方面对韩国和巴西的创新过程进行了对比分析，研究了技术落后国家的创新特征，发现技术落后国家常常表现出缺乏技术活力，而学习则可以加速国家创新系统的发展[31]。Hart（2009）以美国为案例，分析了美国 NIS 近期发生的三次改变，指出国家创新系统的发展应该考虑文化根植性、多样化机构并存、内生制度变迁等因素。Lee，Park（2013）以韩国为案例，研究了科研和开发在国家创新系统中的作用，分析了影响韩国创新成败的因素，并得出以下结论：来自于国家和下游企业在研发的早期阶段的经济支持提高了创新成功机会；合作研发，特别是下游企业和大学合作，也提高了创新成功的概率[32]。我国学者马艳艳（2013），朱巧玲（2014）等将能源环境的可持续性和经济社会的增长性作为国家创新系统发展的双重功能目标，建立内含科学技术、能源环境和经济社会的统一分析框架[33-34]。王伟军（2000）、邱均平（2001）等分析了知识产权保护和国家创新系统建设的密切联系，认为知识产权保护可以有力地促进国家创新系统的建设，并提出具体建议[35]。

1.2.2.2　关于区域创新系统的研究

借鉴国家创新系统的理论和方法研究，学者们也开始对区域创新系统理论（Regional Innovation System-RIS）开展研究，区域创新系统是指一国内特定区域的创新活动，区域创新系统理论既是对国家创新系统理论的深化，是国家创新系统理论的延伸，它是国家创新系统理论的区域化和本地化，同时也是对区域经济理论的拓展。目前学者们的研究主要集中于 RIS 结构、RIS 创新效率的影响因素、RIS 建设、集群对 RIS 的作用等四个方面。

（1）关于区域创新系统结构的研究。Cooke（1992）认为，区域创新系统由在地理上相互分工与关联的生产企业、研究机构和高等教育机构等构成[36]。Lundvall（1992）的研究指出，区域创新系统的核心要素包括：公司组织、公司间关系、公共部门、财政部门的制度结构和 R&D 组织[18]。Wigg（1995）进一步提出，区域创新系统应包括：进行创新产品生产供应的生产企业群；进行创新人才培养的教育机构；进行创新知识与技术生产的研究机构；对创新活动进行金融、政策法规约束与支持的政府机构；金融、商业等创新服务机构。Asheim 和 Isaksen（1997）认为，区域创新系统还包括生产结构（技术经济结构）和公共机构的基础设施建设。Doloreux（2002）则指出，企业、制度、知识基础设施、创新政策是区域创新系统的 4 个基本要素，其功能是按照组织和制度的安排以及人际关系促进知识的产生、利用和传播[37]。胡志坚、苏靖（1999）将区域创新系统的构成归纳为主体要素、功能要素及环境要素，其中主体要素包括区域内的企业、大学、科研机构、中介服务机构和地方政府，功能要素包括制度创新、技术创新、管理创新和服务创新等，环境要素包括体制、机制、政府或法制调控、基础设施和保障条件等[28]。张敦富（2000）认为，区域创新系统应包括创新结构、创新资源、中介服务系统、管理系统四个相互关联、相互协调的主要组成部分[38]。周亚庆、张方华（2001）认为区域创新系统应包括教育子系统、科技子系统、资金体系、政府子系统和文化子系统[39]。潘德均（2002）提出区域创新系统主要包括知识创新系统、技术创新系统、创新技术扩散系统三个主体系统和创新人才培育系统、政策与管理系统、社会支撑服务系统三个支撑体系。黄鲁成（2000）则认为区域创新系统应由创新主体子系统、创新基础子系统、创新资源子系统和创新环境子系统构成[40]。

（2）关于区域创新系统效率影响因素的研究。Cohen 和 Lundvall（2002）指出企业间的互动学习是影响 RIS 创新进程和效率的关键因素。王帅（2016）考虑开放式创新对区域创新系统构成要素带来的影响，对区域创新系统绩效内部影响因素进行了研究。随后，从区域创新外部性角度，对区域创新系统绩效的外部影响因素进行了探讨并分析了开放式创新对区域创新外部性的调节作用[41]。刘明广（2013）对区域创新系统绩效评价的影响因素进行全面的汇总分析，并结合实证数据进行探索性因子分析和验证性因子分析，建立区域创新系统绩效评价的影响因素路径分析模型，从而揭示各影响因素的相互作用程度与方向[42]。Sternberg（2010）以欧洲区域创新系统为案例，研究指出企业和其他合作者之间的协同作用对区域创新系统效率有重要影响[43]。鲁继通（2016）认为影响区域科技创新效应的因素较多，大致可以分为三大类：创新环境、创新基础条件、制度支持等，创新环境主要涉及科技人才培养和教育、创新意识与文化、技术交流与合作等；创新基础主要涉及研发投入、知识创新和基础研发、创新资源整合和扩散、科技成果转化和应用、企业自主创新、科研院校创新能力等；制度支持主要涉及科技政策、创新体制机制、创新评价与管理、创新体系建设等，且各因素之间具有交义互动、相互关联的复杂关系[44]。我国学者乔颖、王永杰、陈光从技术创新、知识创新、知识传播等方面研究了大学在区域创新系统中的重要作用。

（3）关于区域创新系统建设的研究。S. Chung（2002）指出区域创新系统是产生有效的国家创新系统的途径，区域创新系统应该在中央政府的积极支持、创新主体之间互动学习的政策激励以及中央和地方政府密切合作的基础上改进和发展[45]。胡照阳（2015）通过系统学的解释结构模型，从区域创新环境角度出发建立成都市区域创新系统环境影响因素的影响关系的层次结构，以此找出成都市区域创新系统建设和优化路径，结合成都市实际情况进行的 SWOT 分析，提出成都市区域创新建设和优化决策建议[46]。张晓峰（2013）认为在区域创新系统建设中，需要根据具体情况，从共生界面建设、环境营造和单元构建等方面着力，增强共生度和关联度，集聚创新能量，提升区域创新能力[47]。邓诗懿（2013）研究了广东在区域创新道路中的实践，分析其作用途径和特点，为其他地区的区域创新系统建设提供可资借鉴的经验和启示[48]。柳卸林（2003）提出建设区域创新系统有五个关键因素：一个以企业为创新主体的创新结构体系；一个开放的、可利用各种资源的知识获取体系；一个有区域特色的产业创新体系；面向创新管理的政府工作方式；适宜创新的环境和基础设施[49]。张文敬（2014）基于加快中山创新驱动发展的日的，运用相关创新理论，在对中山市域和所属镇县科技创新体系现状分析的基础上，以提升中山经济发展的核心竞争力为日标线索，通过剖析不同模式的区域创新体系，遵循创新体系动态变化的特征，得出现阶段中山构建开放式区域创新体系的对策建议[50]。戴诗茜（2014）通过对区域创新系统理论以及昆明自主创新政策环境建设现状的研究，探索出合乎昆明区域经济与社会发展特征和要求的政策环境，为完善昆明自主创新政策环境建设提供了有益借鉴[51]。

（4）关于集群对区域创新系统作用的研究。Holbrook 和 Wolfe（2002）[52]，Wolfe（2003）[53] 通过研究加拿大的区域创新系统，确定了企业存在高度集中的现象，发现工业集群的经济活动向知识密集型转变。他提出了两种新兴集群模式：（1）嵌入式地区，即在此类地区的创新活动中，当地知识或科学基础代表一种新的动力和独特的资产。（2）转口港地区，即其创新和生产需要的大部分知识往往来源于非本地资源，常常通过直接市场交易获得。古耀杰，任艳珍（2016）引入人力资本因素分析产业集群与区域创新系统耦合机制，剖析协同创新、知识外溢和专业化分工推动区域创新能力提升的作用机理，探讨创新壁垒、创新风险和创新锁定效应对区域创新的束缚作用，剖析产业集群创新能力不同企业与区域创新系统耦合的决策过程，提出优化人力资本投资结构、合理规划区域创新活动和培育区域创新文化政策建议[54]。李治国，邓雅文（2015）以青岛西海岸经济新区为例，剖析产业集群与区域创新平台的互动关系，建立西海岸经济新区区域创新能力评价指标体系，运用灰色关联分析法进行实证分析并提出推进西海岸经济新区产业集群升级的区域创新平台构建的对策[55]。李祖辉（2015）通过对区域创新系统以及产业集群两者的内涵分析，详细地研究了区域创新体系当中产业集群的一些有效的作用路径，认为区域创新体系当中的产业集群有着非常大的促进作用，是重要载体，能够有效提供巨大的动力[56]。魏江等（2007）发现集群与区域创新系统有着密不可分的联系，一方面，在区域创新系统中存在多个集群创新系统，另一方面区域创新系统同集群创新系统存在较大部分的重合[57]。崔浩敏（2007）基于产业集群的视角探讨区域创新系统的构建问题[58]。

1.2.2.3　关于产业创新系统的研究

随着技术创新系统研究的不断深入，部分学者着眼于产业层面对创新系统进行研究，Malerba 一直被业内学者们认为是产业创新系统研究的开拓者和重要贡献者，20 世纪 90 年代 Malerba 和 Breschi 等在国家创新系统和技术系统研究的基础上，结合演化论和学习理论提出了产业创新系统概念（1997，2002），认为产业创新系统包括"一组特定产品构成的系统，其中的一系列部门为此产品的创造、生产和销售提供了大量的市场和非市场的互动"[59]。Malerba 认为产业创新系统的优点在于能够更好地理解产业部门的边界，参与者和他们的交互作用，学习、创新和生产过程，产业的变动以及企业国家在不同产业中的表现。关于产业创新系统，已有的研究成果主在集中在以下几个方面：

（1）关于产业创新系统分类的研究。Breschi 和 Malerba（1997，2005）根据前人的研究成果把产业创新系统分为 5 种类型：传统部门、机械行业、汽车行业、计算机主机行业和软件行业，同时，他们还分析了不同产业创新系统的技术体制以及熊彼特创新模式的动力、创新者的地理分布和创新过程的知识边界[59-60]。姜红，陆晓芳（2010）分析了技术关联在产业创新中的四种作用机理，将投入产出模型与生产函数结合，构建了产业间技术进步的投入产出模型，通过测度技术创新感应度系数和影响力系数，并以此为标准将我国 42 个产业部门划分为四种类型[61]。柳卸林（2003）按照技术系统的复杂性和与产业所处环境有关的技术范式的复杂性，把产业创新系统划分为以下四种：传统的分包契约型、模块组装型，复杂产品型、以技术为基础型，并以中国造船业技术创新为例对模块组装产业创新系统进行了分析[49]。

（2）关于产业创新系统模型的研究。随着创新理论的发展和日益强大的创新需求的涌现，创新模型已成为人们理解和解释创新规律与过程的一种重要手段。对产业创新系统的研究亦不例外，张治河（2006）在Rothwell "创新过程与政策工具的作用"模型基础之上，将技术系统移入模型，并创造性地加入了评价系统，构建了产业创新系统模型，该模型包括产业创新技术系统、产业创新政策系统、产业创新环境系统和产业创新评价系统四个子系统[62]。Malerba（2005）认为产业创新系统由知识与技术、行为者与网络以及制度三个模块组，在不同产业中对每个模块特性分别进行观测，可以对创新发生机制和竞争力进行更为有效的分析[60]。张珺和刘德学（2007）针对我国创新体系缺乏国际维度、企业未真正成为创新体系的主体及创新体系各主体的互动作用未发挥这三个缺陷，提出并分析了全球生产网络下开放式产业创新体系的形成机制和构建问题。徐建中（2016）从区域产品技术创新系统与区域工艺技术创新系统视角，将区域高技术产业创新系统分为两个部分，基于协同理论和二象对偶理论，将区域产品（工艺）技术创新系统划分为状态子系统和过程子系统，并根据子系统进一步阐述区域高技术产业创新系统的二象特征，构建高技术产业创新系统协同度模型[63]。杨武和杨淼（2015）基于产业创新系统理论，提出了SASD创新要素分析和IPPI创新发展四阶段模型两种分析方法，从静态和动态两个维度定性描述了产业创新驱动发展的影响效果，运用IPPI创新发展四阶段模型对北京市2001-2013年产业创新驱动发展现状和问题进行分析[64]。蒋兴华等（2008）应用系统工程理论方法构建了区域产业技术自主创新系统模型，分析了各要素的系统功能，阐述了区域技术创新对区域产业的相互促进作用及区域产业技术创新系统的运行过程，并从市场机制、动力机制、保障机制、风险决策机制等多方面就区域产业自主创新系统的运行机制进行了分析。李庆东（2009）从边界和需求模块、知识基础和技术模块、参与者与网络模块、制度环境四个模块，构建了产业创新系统结构模型。刘明广（2014）

通过分析研究认为分省域看，我国省级区域创新系统的创新效率存在显著差异，有 8 个省级区域创新系统的创新效率增长率为负，其余为正[65]。于焱，孙会敏（2010）构建了产业创新系统评价指标体系，并利用 DEA 方法，建立了产业创新系统效率评价模型[66]。

（3）关于某产业创新系统的实证研究。张治河（2003）在产业创新系统框架中对"武汉·中国光谷"的龙头企业武汉邮电科学研究院的相关政策系统、技术系统、企业发展和产业联系进行了分析[62]。刘和东（2016）通过分析我国大中型企业的相关数据，运用复合系统协同度模型对我国高新技术产业创新系统协同度及子系统的有序度进行准确测度，对高新技术产业创新系统进行结构解析。苟仲文（2006）将电子信息产业的创新内容归结为五大方面，即技术创新、产业链创新、产业集聚创新、应用创新和政策创新。这五个方面的创新构成了电子信息产业创新体系，并提出了完善我国电子信息产业创新体系的思路。李巍和郗永勤（2017）从创新链视角出发，对福建省信息产业创新系统的协同度进行实证分析，运用网络层次分析法和复合系统协同度模型构建战略性新兴产业创新系统协调度测度模型，指出技术转让和计算机新产品出口是制约福建省信息产业创新系统协同度提升的关键因素[67]。王刚和李显君（2016）等人选择中国汽车、家电、航天和计算机为案例研究产业，建立自主创新政策与机制理论框架，进行大样本数据调研，指出政府采购政策的正向作用最大，激励机制的作用大于运行机制，物质激励大于非物质激励。除此之外，其他一些学者还对我国汽车产业、铁路产业、服装产业、医药产业、通信产业等开展了初步研究。

1.2.2.4　关于企业创新系统的研究

从国家创新系统、区域创新系统和产业创新系统的研究，不难看出在构建区域范围内的创新系统时，企业始终是创新主体，因此企业创新系统

（Enterprise Innovation System，EIS）也应是创新系统研究的重要内容。企业创新系统是指企业内部的各种要素、要素间的关系以及外部环境因素及其关系的集合，它们相互作用于新知识与技术的创造、扩散和使用之中，形成了一个有机整体。然而，目前对于企业创新系统的研究尚未引起学者们的普遍关注，现有研究主要涉及企业创新系统主体、影响要素、运行机制等方面。

（1）关于企业创新系统主体的研究。姜江（2013）的研究指出基础创新网络主要由政府机构、科研机构、金融机构、大学和中介服务机构等组成，这些机构能够产业集群创新提供了创新信息、科研成果、风险资金、科研人才、专业化服务，为企业与大学和科研机构之间的合作研发提供了便利，都可归之为创新主体[68]。Narula（2002）指出，企业创新系统主体包括企业、大学、研究机构、个人发明者等，并从知识流动的视角对 EIS 的创新活动进行了分析，研究发现其他主体均为企业创新活动提供了重要的知识流动，但是只有企业才能将这些不同的知识流动整合成有效的创新，因此企业是 EIS 最重要的创新主体[69]。董晓宏、宋长生、宋朝利（2006）认为，企业创新系统是一个复杂适应系统，其主体包括企业、知识型员工主体、自组织团队，指出如何发挥创新主体的反应性、学习性和适应性是促进企业多要素协同创新的关键所在。陈静（2007）认为，企业、供应商、客户、中介机构、大学、科研机构等构成了企业创新系统的主体，企业与其他创新主体间知识与信息共享程度越高，企业产生创新的概率越大。

（2）关于企业创新系统创新要素的研究。李庆东（2006）认为 EIS 包含知识创新、管理创新、战略创新、组织创新、制度创新、产品创新、市场创新、技术创新 8 个要素，技术创新过程要受到各种因素和各方关系的激励和约束。董晓宏（2006）基于复杂适应系统理论对企业创新系统进行了研究，提出企业创新六要素论，指出影响企业创新的要素由技术、市场、战略、组织、信息和人力构成。在影响创新绩效的六大要素中，技术和市场是最活跃要素，战略、组织、人员要素相对而言是稳定性要素，各要素之间要通过沟通、竞争与合作的方式实现多要素的协同创新，从而提高企业创新过程的有效性和适应性。杨云霞（2013）认为企业创新系统是一个复杂的系统，其内部各个环节之间及与外部环境之间都在不断地进行着物质、价值和信息的交换，在时间和空间上形成物质流、能量流和信息流，为保证企业技术创新系统的稳定，就要保持物质流、价值流、信息流的顺畅和合理流动，这样企业创新才能达到最佳的效果。

（3）关于企业创新系统运行机制的研究。Riccard Leoncini（2008）认为企业创新系统具有开放特性和自组织特性，系统的进化是其子系统之间相互作用的结果。李锐（2010）将系统自组织理论和演化经济学思想应用到企业创新系统演化研究过程中，通过建立企业创新系统自组织演化动力机制模型、协同竞争机制模型和结构方程模型，分析企业创新系统自组织演化的运行机制、协同竞争作用机制和系统支撑环境问题[70]。王彬（2004）认为，企业创新系统运行的动力包括主观价值判断、利益导向、企业内部环境、R&D 能力等内部动力，以及社会需求、技术推动、政府影响、资源约束等外部动力。吴勇和陈理飞（2008）则指出，企业创新系统运行的内部动力包括企业利润、创新瓶颈、政府推动等因素，外部动力包括市场需求、竞争、国家政策引导等因素；外部动力为企业创新提供了适当的环境，内部动力促使 EIS 内部各要素积累为自身的创新能力，从而产生创新行为，创新活动在这些合力下产生。

通过对国内外各类研究文献研究分析可见，国内外对技术创新系统的研究在国家和区域层面的研究较多，研究成果较为系统，能够形成被普遍认可的理论观点；而在产业和企业层面的研究尚在探索阶段，研究不够全面，且较为分散，难成体系。

1.2.3 创新生态系统的研究动态

创新生态系统（innovation ecosystem）这一概念是在 2004 年被首次提出的，美国竞争力委员会在《创新美国：在挑战和变化中成长》（Innovate America: Thriving in a World of Challenge and Change）的研究报告中指出：在 21 世纪初，创新出现了新的变化，表现在创新本身的性质以及创新者之间的关系等方面，以前被认为彼此对立的关系，正在逐渐变成互补的、甚至是共生的关系，因此美国想要保持长期的竞争优势，就需要在创新的理念和方法方面推陈出新。报告还认为"企业、政府、教育家和工人之间需要建立一种新的关系，形成一个 21 世纪的创新生态系统（innovation ecosystem）。"

国内外对于产业技术创新生态系统的研究处于起步阶段，相关的研究内容比较少。从研究领域上分，将生态学的理论应用于技术创新领域的研究主要集中在对区域技术创新生态系统、企业技术创新生态系统的研究；从研究内容上分，学者们对技术创新生态系统的研究主要有以下几个方面：

1.2.3.1 关于创新生态系统结构和特征的研究

Allen 和 Sriram （2000）指出："在创新生态系统中，技术的模块整合和系统集成引导企业之间的竞争不再局限于产品与市场的竞争，创新生态系统的基本单位是各个技术模块[71]。" 陈强和李伯文（2017）基于杨浦区三次经济普查数据对环同济知识经济圈进行结构剖析，从创新种群、创新群落、创新环境 3 个结构层次入手，对环同济知识经济圈进行发展现状分析以及瓶颈问题诊断[72]。" 北京工业大学黄鲁成（2003 年）教授阐述了生态学理论与方法的特点，提出了应用生态学理论与方法的条件，探讨了在区域技术创新系统研究中运用生态学理论与方法的科学性，用比较法来说明区域技术创新系统具有应用生态学理论与方法的基础,并对如何应用生态学理论与方法研究区域技术创新系统的问题提出自己的观点[73]。王文亮和陈亚男等(2016)通过分析协同创新过程中创新要素的动态演化模型,提出理论假设,构建了包括创新组织生态机制、创新资源生态机制、创新环境生态机制和创新能力生态机制的产学协同创新生态机制结构模型[74]。何向武,周文泳(2015)运用系统科学方法分析了产业创新生态系统的结构和功能,并构建了结构模型和功能层级模型,结合该模型提出相关建议[75]。"

1.2.3.2　关于创新生态系统影响因素的研究

Glimstedt(2001)指出:"全球的标准体系在不断变化和发展,这使得在同一标准界面内进行模块创新和区域性调整成为可能。在创新生态系统中,技术标准是主宰市场的战略,企业之间的协作竞争才能保证整个创新生态系统的高效率。"[76]Allen(2000)认为:"在创新生态系统中,对技术与知识的高依赖性使企业在技术创新时更注重与其他企业进行协作,构建彼此间的技术创新网络为企业技术创新的战略首选,技术标准联盟的形成使企业间展开协作研发与模块创新的效率大大提高,一旦企业掌握了技术标准就意味着在竞争中掌握了控制权[71]。"

陆燕春和赵红等学者(2016)运用熵值法对 30 个省份创新生态系统进行定量评价,从创新驱动群落、创新扩展群落、创新协调群落以及创新环境四个方面建立指标体系衡量其发展水平,指出创新驱动群落和创新环境在提升区域创新竞争力上起着关键作用,经济发展水平越高的地区竞争力水平也相对较高[77]。张运生(2009)指出:"在创新生态系统中,一个企业技术创新是否成功往往依赖于他人,依赖于众多与其兼容配套的协作研发与技术标准合作[78]。"韦铁和罗秋月(2015)以广西北部湾经济区为实证对象，利用结构方程模型对欠发达区域技术创新生态系统演化影响因素进行研究，指出创新生态主体因子、创新资源约束因子和创新系统环境因子均对广西北部湾经济区技术创新生态系统的健康发展产生正向影响，但其中新系统环境因子所包含的创新政策环境和微观市场环境两个因素却对该区域技术创新生态系统的健康发展产生负向影响[79]。

1.2.3.3 关于创新生态系统运行机制的研究

Paul Tracey 和 Clark（2003）认为："创新生态系统是应对复杂系统创新的一种基本制度安排，企业间技术创新的基础技术平台是其网络构架的主要联结机制[80]。"Ron Adner（2006）认为："创新生态系统能够将系统内各企业的技术创新成果整合成协调一致、面向客户的解决方案，形成创新生态系统的协同整合机制。创新生态系统的整体技术创新能力是影响企业核心竞争力的关键因素[1]。"杨剑钊和李晓娣（2016）认为高新技术产业创新生态系统运行机制应由协同共生机制、风险识别与防控机制、利益分配机制、环境匹配机制共同组成。各种机制应对创新生态系统内不同企业间关系，解决产业内部竞争、协作、共享等问题，以及协调产业与外部关系，一整套的运行机制才能够保证高新产业创新生态系统顺利运行[81]。赵广凤和马志强（2017）从高校科技创新实际情况出发，指出高校创新生态系统核心层与影响力层的具体构成，详细分析系统基于开放式平台的知识创新、基于生态位决策和利益"共赢"协调的运行机制[82]。张笑楠（2016）从创新生态视角出发构建了战略性新兴产业创新生态系统的结构模型，认为战略性新兴产业创新生态系统的运行机制包括聚集机制、竞争与共生机制和传导与扩散机制[83]。张利飞（2009）研究了高科技企业的技术创新生态系统，指出系统的四种运行机制[84]。

通过对国内外各类研究文献研究分析可见，创新生态系统的研究是一个新兴领域，已有学者开始研究对创新生态系统的结构、特征或影响因素等某些方面进行研究，但这些研究主要着眼于区域技术创新生态系统、企业技术创新生态系统，而对产业技术创新生态系统的研究较为罕见。

1.2.4　国内外研究动态评述

技术创新生态系统是管理科学领域一个较新的概念，以上研究基本体现了近几十年国内外学者在技术创新生态系统方面的相关研究，已有的研究使技术创新领域得到了进一步扩展，对于后人在该领域进行深入细致研究起到很有益的帮助作用。以下从学术研究热度和研究内容两方面进行简要评述。

在中国知网 CNKI 以"产业技术创新"为主题关键词进行搜索，可查到各类文献 7600 余篇，根据各年度的检索结果，可以绘制"产业技术创新"关注统计图（见图 1）。由图 1 可以看出，我国从九十年代末开始对产业技术创新进行学术研究，并且学术关注度呈快速增长状态，2001 年 -2005 年增长平缓，2006-2010 年上升较快，2011-2016 年间状态平稳。这说明产业技术创新已经越来越被学者们重视，经过多年的研究，在产业技术创新领域已经基本形成了系统的理论体系。

在中国知网 CNKI 以"产业技术创新"和"生态系统"作为主题进行检索，仅有 32 条记录，说明学者们将产业技术创新和生态系统相结合所进行的研究很少。在此基础上，扩展检索范围，以"技术创新"和"生态系统"作为主题关键词进行检索，可查到各类文献 600 余篇，根据不同年度的检索结果可以绘制学术关注统计图（见图 2）。由检索结果可知，将技术创新与生态系统结合进行研究的文献数量总体上呈现上升趋势，在 2002 年小有回降，在 2003-2010 年间持续快速攀升，2011 年之后状态平衡，峰值在 2014

年达到96篇。外文方面，根据 Science Direct 和 Scopus 数据库统计，2000-2016十几年间以技术创新（technology innovation）和生态系统（ecosystem）为主题关键词的文献600余篇，与国内同领域学术关注度基本持平。

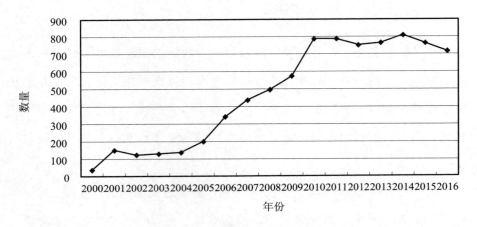

图 1.1　产业技术创新学术关注度图

Fig.1.1 Academic Concerns on Industrial Technology innovation actionation

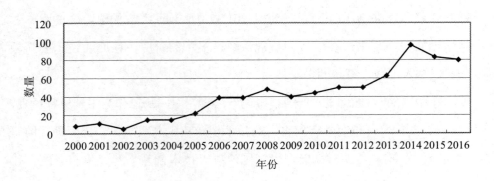

图 1.2　技术创新生态系统学术关注度图

Fig.1.2 Academic Concerns on Technology Innovation Ecosystem

从以上的研究动态分析，可以看出学者们对于产业技术创新、创新系统、创新生态系统等问题进行了一系列的研究，并取得了一定的成果。在产业技术创新方面，关于其内涵、能力、评价及政策等方面的研究日趋成熟；关于国家创新系统和区域创新系统方面的研究文献较多，研究也较为深入和系统；对企业创新系统的研究主要集中在创新主体、影响要素、运行机制等方面，但由于未受到普遍关注，因此研究成果较少，未成体系；关于创新生态系统的各类文献总体数量较少，但成果数量逐年上升，由此可以推断出生态系统理论的相关研究正在成为产业创新管理领域一种新趋势，这些研究成果为生态系统理论在产业技术创新领域的应用奠定了良好的基础，可行性及应用性得到了充分论证。

通过相关类文献进行研究分析可以看出，在产业技术创新生态系统方面的文献研究较为分散，没有以一个系统、严谨的角度进行详细阐述，也没有形成科学的理论体系，目前的研究还存在一些不足，有待加强和突破。

1.从研究深度上来看，关于产业技术创新生态系统的研究属于起步阶段，虽然目前已有一些研究成果，但研究内容重复度较高，多集中在技术创新能力指标体系的构建上，而对产业技术创新生态系统运行评价方面的研究不够深入。

2.从研究领域来看，大部分学者集中在对区域技术创新生态系统和企业技术创新生态系统进行研究，专门针对产业技术创新生态系统的研究目前较少有文献成果。

3.从研究内容来看，关于技术创新生态系统的研究集中在对技术创新生态结构和特征的研究、对影响因素的研究和运行机制的研究，尚未有学者进行技术创新生态系统运行评价方面的研究。

1.3　本书研究的内容与方法

1.3.1　本书的研究内容

本书以产业技术创新生态系统为研究对象，对该系统运行进行了深入研究。首先，论述产业技术创新生态系统运行研究的基础，对系统的内涵、特征、构成及功能进行分析，并界定了产业技术创新生态系统运行稳定性的内涵；其次，应用耗散结构理论分析了产业技术创新生态系统运行中各项关键要素间的关系，构建了关键要素间的结构模型和评价系统运行的数学模型；最后，针对电信产业样本数据进行实证研究，并针对评价结果提出对策建议。本书具体的研究框架如图1.3。

按照以上本书的研究思路及研究框架，本书主要研究如下内容：

（1）产业技术创新生态系统的构成及运行理论基础研究

这部分研究内容包括本书的第1、2章。结合本书选题背景及目的，提出产业技术创新生态系统运行研究这一科学问题，依据产业技术创新理论和生态系统理论界定产业技术创新生态系统的内涵，并分析其结构、特征、功能，并分析了产业技术创新生态系统的耗散结构特征，为下文的分析奠定理论基础。

（2）产业技术创新生态系统运行关键要素结构模型和评价模型研究

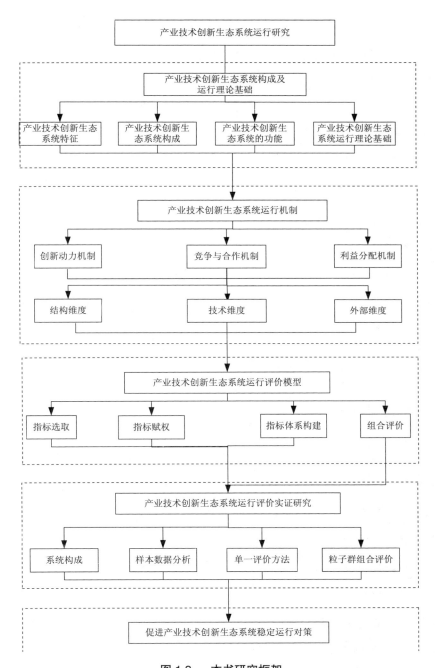

图 1.3　本书研究框架

Fig.1.3 The Research Framework of This Paper

这部分研究内容包括本书的第3、4章。论述产业技术创新生态系统运行的三大机制：创新动力机制、竞争与合作机制、创新收益分配机制，构建产业技术创新生态系统运行关键要素结构模型。通过德尔菲法及问卷调查等方法实现对系统运行指标的选取，应用遗传层次分析法实现对评价指标进行赋权，评价方法选取组合评价法，实现对产业技术创新生态系统运行评价模型的构建。

（3）产业技术创新生态系统运行实证分析及对策研究

这部分研究内容包括本书的第5、6章。收集电信产业的统计数据，通过信度检验、效度检验进行数据分析，首先通过因子分析法、主成分投影法、集对分析法三种单一方法分别对电信产业技术创新生态系统运行进行评价，然后再应用粒子群优化算法实现对三种单一方法评价结果进行科学组合，并针对评价结果进行分析，结合我国产业技术创新现状，从政府和企业两个方面提出促进我国产业技术创新生态系统稳定运行的对策建议。

1.3.2　本书的研究方法

为了科学合理地研究产业技术创新生态系统运行，本书拟从管理学、经济学、生态学、统计学、数学等多学科多视角综合探讨提高产业技术创新生态系统运行的方法与对策。在研究方法上采取文献分析法、问卷调查法、数学建模法和实证研究相结合的方式，综合运用遗传算法、粒子群优化算法等多种数学方法进行分析计算，具体研究方法如下：

（1）文献分析法

利用有关专业文摘、索引、工具书、光盘以及Internet信息资源等途径，查阅并分析总结产业技术创新生态系统的各种文献和资料，把前人的研究成果作为本本书研究的起点。

（2）问卷调查法和专家咨询法

以问卷方式分发给有关人员，填写答案，然后回收整理、分析和研究，结合专家咨询法，构建产业技术创新生态系统运行的关键要素结构模型，并以此为基础构建产业技术创新生态系统运行评价指标体系。

（3）数学方法和模型方法

运用多元统计方法、遗传算法、粒子群算法等方法，结合最优化理论，构建产业技术创新生态系统运行的评价模型，利用评价模型对电信产业的技术创新生态系统运行状况进行评价。

（4）实证分析法

选取我国电信产业作为研究对象，运用所构建的组合评价模型对该产业技术创新生态系统运行进行实证研究，对实证结果进行分析，找出问题及原因，提出促进产业技术创新生态系统稳定运行的对策和建议。

1.4　本书研究的创新之处

（1）利用生态学中种群合作、共生等理论与模型诠释产业技术创新系统的运行机制

生态系统理论已经在技术创新管理领域得到越来越多的应用，但关于产业技术创新生态系统的研究鲜有成果。本书将生态系统理论应用到产业技术创新系统运行研究中，如运用生态学中物质和能量的循环与流动观点、系统的构成特征等观点来分析产业技术创新生态系统的构成；利用种群间合作、共生等理论与模型诠释产业技术创新生态系统的运行机制。将生态学理论应用到产业技术创新系统运行的研究中是理论上的尝试性突破。

（2）从系统运行的角度研究产业技术创新生态系统

区别于已有文献对产业技术创新系统的研究集中在对系统的组成、结构、功能、作用机制、效率评价等方面，本书从系统运行的角度对产业技术创新生态系统进行评价。从产业技术创新生态系统运行内涵界定出发，论述该系统运行的三大机制，并通过对运行机制中关键要素的分析来构建评价的指标体系及评价模型。从系统运行的角度研究产业技术创新生态系统是一项创新性的工作。

（3）引入粒子群优化算法对产业技术创新生态系统运行进行评价

已有文献对技术创新系统的研究大多是基于某种单一方法进行评价，而对同一评价问题来说，不同的评价方法提供不同的有用信息，且每一种方法都有自己固有的缺陷。基于生态学的混合粒子群优化算法能够将几种单一方法进行科学组合，有利于弥补这一缺陷，使评价结果更为精确，而且还可以对不同的评价方法进行相互印证，检验不同方法的可靠性，使人更加信服，能够提高评价的有效性。

（4）构建产业技术创新生态系统

自然生态系统的生物群落和非生物环境分别构成了自然生态系统的生物成分和非生物成分，以此为类比将产业技术创新生态系统内各创新种群及其赖以生存的环境分别命名为生命子系统和环境子系统，构建了产业技术创新生态系统并通过结构图论述了各要素间的关系。在产业技术创新生态系统中，价值由上游企业通过中游企业、下游企业流向最终市场，信息在企业生命系统内部四通八达的流动，同时，生命子系统与环境子系统之间的物质、能量、信息也在不断地流动。

第2章 产业技术创新生态系统构成及 运行理论基础研究

2.1 产业技术创新生态系统内涵

（1）系统的概念

系统思想源远流长，但作为一门科学的系统论，人们公认是加籍奥地利人、理论生物学家 L. V. 贝塔朗菲（L. Von. Bertalanffy）所创立的。系统一词来源于古希腊语，是由部分组成整体的意思。今天人们从各种角度上研究系统，对系统下的定义不下几十种。例如说"系统是诸元素及其顺常行为的给定集合"，"系统是有组织的和被组织化的全体"，"系统是有联系的物质和过程的集合"，"系统是许多要素保持有机的秩序，向同一目的行动的东西"等等。一般系统论则试图给出一个能描述各种系统共同特征的一般的系统定义，通常把系统定义为由若干要素以一定结构形式联结构成的具有某种功能的有机整体。在这个定义中包括了系统、要素、结构、功能四个概念，表明了要素与要素、要素与系统、系统与环境三方面的关系。

系统是多种多样的，可以根据不同的原则和情况来划分系统的类型。按人类干预的情况可划分自然系统、人工系统；按学科领域就可分成自然系统、社会系统和思维系统；按范围划分则有宏观系统、微观系统；按与环境的关系划分就有开放系统、封闭系统、孤立系统；按状态划分就有平衡系统、非平衡系统、近平衡系统、远平衡系统等等。系统论的任务，不仅在于认识系统的特点和规律，更重要的还在于利用这些特点和规律去控制、管理、改造或创造一个系统，使它的存在与发展合乎人的目的需要。也就是说，研究系统的目的在于调整系统结构，协调各要素间的关系，使系统达到优化目标。系统论的基本思想方法就是把所研究和处理的对象当作一个系统，分析系统的结构和功能，研究系统、要素、环境三者的相互关系和变动的规律性。

（2）产业技术创新的内涵

所谓产业技术创新是指以市场为导向，以企业技术创新为基础，以提高产业竞争力为目标，以技术创新在企业与企业、产业与产业之间的扩散为重点过程的从新产品或新工艺设想的产生，经过技术的开发（或引进、消化吸收）、生产、商业化到产业化整个过程一系列活动的总和[4]。可见，产业技术创新的主体是企业，创新目的是为了提高产业竞争力，其创新的内容包括多个方面，是以系统的方式全方位进行的技术创新。产业技术创新的过程包括四个阶段：研究与开发阶段、设计与试验阶段、生产阶段、市场实现与技术扩散阶段[85-86]。产业技术创新活动的顺利进行，离不开资本、技术、人才、信息等要素的协调与联系，也与技术创新政策、法规、市场竞争等宏观环境的约束密切相关。产业技术创新蕴涵的外延很广泛，它以一般技术创新、企业技术创新为基础，还要涉及技术创新与产业结构升级的关系、与产业组织发展变化的关系、技术创新在企业之间和产业之间扩散的过程等。因此，产业技术创新会更多地引发出组织创新、制度创新、管理创新等一系列问题[87-88]。

从产业技术创新的内涵可以看出，影响产业技术创新过程的因素复杂多样的，并且具有不确定性的特点，并且各要素之间既相互促进又相互制约。

如果只是单方面地加强和改进某一个因素的作用，都难以达到提高产业技术创新水平的效果。而如何有效地消除因素它们的制约作用，发挥它们的促进作用，就必须用到系统的方法，从系统或整体的角度出发，研究各个因素的作用规律，从而能更全面、深刻地认识产业技术创新，达到各因素间的协调统一，实现提高产业竞争力的目标[4]。

（3）生态系统的内涵

生态系统的概念是英国生态学家坦斯利（Tansley）在二十世纪三十年代提出的，指在一定的空间内生物成分和非生物成分通过物质循环和能量流动相互作用、相互依存而构成的一个生态学功能单位。它把生物及其非生物环境看成是互相影响、彼此依存的统一整体。生态系统概念的提出为生态学的研究和发展奠定了新的基础，极大地推动了生态学的发展。

生物自从在地球上出现以来就与自然环境有着密不可分的关系，长期以来形成了相互依存、相互制约的关系。这些生物通过新陈代谢不断与环境进行着物质的交换、能量的传递和信息的交流，从而引起环境与生物自身的变化。生物在长期的进化中对环境具有依附性和适应性，但生物也不是被动的适应环境，生物也具有其本身独特的遗传特性。生物受到环境的影响，反过来又作用于环境。一个生物物种在一定的范围内所有个体的总和称为生物种群（Population）；在一定自然区域的环境条件下，许多不同种的生物相互依存，构成了有着密切关系的群体，称为生物群落（Community）。随着环境条件的千差万别，地球上出现了各种各样的生物群落（森林、草原等等）。而特定的生物群落又维持了相应的环境条件，一旦生物群落发生变化，也会影响到环境条件的变化。因此，人们把生物群落与其周围非生物环境的综合体，称为生态系统，也即生命系统和环境系统在特定空间的组合。在生态系统中，各种生物彼此间以及生物与非生物的环境因素之间互相作用，关系密切，而且不断进行着物质的交换、能量的传递和信息的交流。

（4）产业技术创新与生态系统的对比

从以上对产业技术创新活动的内涵和生态系统内涵分析可以看出，产业技术创新活动与生态系统的行为特征具有许多相似性。通过产业技术创新活动与生态系统要素对比和行为对比可以揭示两者的相似性[4, 73, 75, 89-93]。

表2.1　产业技术创新与生态系统要素对比

Tab.2.1 Comparison between Industrial Technological Innovation System and Ecosystem

产业技术创新	定义	生态系统	定义
产业技术创新组织	技术创新主体与相关主体	物种	生物个体
创新种群	资源与功能相同的创新主体集合	种群	同种生物个体的集合
创新群落	不同创新种群的集合	群落	不同生物种群的集合
创新惯例	技术创新的决策规则	基因	生物性状遗传的主要物质
惯例复制	复制创新惯例	遗传	复制基因
改进型创新	现有技术的渐进、连续创新	进化	有机体的渐进性发展
根本型创新	技术上的重大突破	突变	超越常规进程的变化
应变	对创新环境的变化做出响应	适应	随自然环境变化而变
协同共进	创新要素的协同作用	协同进化	物种通过互补而共同进化
互利共生	不同创新组织间的双向交流机制	互利共生	共生单元间的双向利益交流机制
创新主体	实施技术创新的创新组织	生产者	用无机物制造有机物的生物
创新成果使用者	新技术（产品）使用者	消费者	消费生产者制造的有机物的生物
产业创新环境	影响创新活动的环境	生境	生态环境

续表

产业技术创新	定义	生态系统	定义
流动	创新组织间、创新活动间的联系	流动	物种间的联系
产业创新系统	创新的系统组织与环境相互作用	生态系统	群落与环境相互作用的系统

表2.2　产业技术创新与生态系统行为对比

Tab.2.2 Comparison of Actions between Industrial Technological Innovation System and Ecosystem

行为	产业技术创新	生态系统
系统持续	持续的创新取决于持续的知识创新	物种的生存依靠能量
成功途径	赢者通过技术创新满足消费者而实现	适者生存通过物种变换的自然选择来实现
相互作用	技术创新与制度创新的协同共进，为竞争者提供了竞争优势	协同共进促进了相互依赖和协调
合作	技术联盟维持着技术创新主体间的合作，提高了总体的竞争能力	互利共生提供了互补的作用和联系
稳定	创新的技术与产品不断更替着过时的技术与产品	通过捕食弱者而使种群维持在平衡水平上
学习能力	学习越快的创新主体，就越有能力适应变化	迅速学习的物种，能以更好的方式适应迅速变化的环境
适合变化	环境观察和竞争能力强的创新主体，通过对环境的扫描和设计一个反映机制，去适应变化	当出现新的环境并不断变化时，对环境进行监控并迅速做出反应的物种，便能适应这种环境和变化
生存机会	具有强创新能力的主体能在竞争压力下具有更好的生存机会	食物链中高层次的物种有更多的生存机会

（5）产业技术创新生态系统内涵

众所周知，自然生态系统经过几十亿年的进化，在系统结构及行为特征方面具有高度的合理性。而从上文的分析可以看出，产业技术创新活动与生态系统在许多方面具有相似性，在产业技术创新活动进行过程中，人们可以观察到竞争、共生、寄生等现象，也可以观察到企业的形成、生长、繁衍、死亡等各个过程。企业就像是一个生命体，群聚着的同质的生命体就像是产业，它们都依环境而生存。像自然界中存在食物链一样，经济社会中也存在着产业链。如果一个国家或地区具备了完整的产业体系，那么产业创新生态系统的适应能力就比较强，如果不具备完整的体系，那么根据波特的"国家竞争力学说"，有一个需求旺盛的下游产业是相当重要的，以下游产业来拉动上游产业可以取得事半功倍的效果。从这个角度上讲，企业界和生物界有共通之处，因而以生态学的观点来看待产业发展的问题就显得有特别的意义。自然生态系统运行中和产业技术创新开展过程中都存在物质与能量流动，都利用能量来转化物质，都存在物流与能量支配的互利共生或相互竞争等作用。由此我们可以认为产业技术创新活动的开展是符合生态发展规律的。

在自然生态系统中，我们可以从气候、水分、土壤来考虑一个物种是否有生命力，或者是否具备成长的条件。在产业技术创新系统中，我们也同样可以找出衡量的条件，来考察一个产业是否有成长的可能。一般可以从两方面来观察产业技术创新系统：一是从产业技术创新系统的内涵出发，考察它是否能健康持久地发展；二是从产业技术创新系统的构成要素及运行特征出发，分析其成长的动力及运行机制。自然生态系统的基本原理和规律给我们提供了探索产业技术创新系统变化的全新视角，可以让我们了解产业的形成、运行和发展，让我们了解这其中的哪些是重要因素，哪些是可控因素以及可控的程度、范围和成本是多大等，以使我们更好地把握产业的发展，在经济全球化竞争中确立合适的定位。

通过上文分析，并结合前人研究成果，本书认为，产业技术创新生态系统是指由产业内技术创新群落与技术创新环境，通过创新物质、能量和信息流动所形成的相互作用、相互依存的系统。该系统以市场需求为动力，以政策调控为导向，以良好的创新环境为保障，以实现特定产业的技术创新持续发展为目标，系统内各企业、独立科研机构、科研院所以及产业发展的技术条件、科技政策等众多要素密切配合、协调互动，组成具有相对稳定结构的有机整体。

2.2　产业技术创新生态系统特征

（1）复杂性

产业技术创新生态系统是一个不断发展进化着的复杂系统。根据复杂适应系统理论的基本思想，其复杂性来源于构成它的具有主动性或适应性的主体的适应能力。这种主动性或适应性是指个体能够在与其他个体的交互中，根据得到不同信息对自身的结构和行为方式进行不同的变更。而适应的目的是为了更好地生存或发展，个体的主动程度，决定了整个系统行为的复杂性的程度[86]。在产业技术创新生态系统中，企业、科研机构和中介机构等个体与环境以及其他个体的反复的相互作用，不断改变着它们自身，同时也改变着环境。在竞争市场上，一个正常、健康的经济系统并不处于平衡的状态，而是经常被技术创新所破坏。技术的创新，决定于技术人员活跃的思想和高超的技术水平，一个新思想带来的技术创新可能创造一个新的企业。在市场竞争等动力的牵引下，系统中不断地进行着技术的复制、创新、变异，新公司和新产品持续不断的产生。系统中的所有个体都主动或被动的参与到市场竞争中，并与其他个体及环境相互作用，不断通过学习、选择等方式改变着自身，也因此影响着环境。可见，产业技术创新生态系统中的个体所具有的主动从事技术创新活动、适应市场竞争等行为特征决定了该系统必然具有复杂性。

（2）动态性

产业技术创新生态系统的动态性体现为系统边界的动态性和运行过程

的动态性。一方面，产业技术创新生态系统与国家技术创新生态系统之间有着复杂的关系。一种观点认为产业技术创新生态系统是国家技术创新生态系统的子系统，国家技术创新生态系统包含若干个产业技术创新生态系统；另一种观点认为，产业技术创新生态系统超越国家边界，跨越了多个国家创新系统，形成超宏观的创新系统[35]。这种分歧的出现主要是由产业技术创新生态系统自身边界的动态性决定的。产业技术创新生态系统边界的动态性使得产业技术创新不能与国家环境或者区域环境相分离。因为产业技术创新活动通常是受到技术基础设施影响的，而这些技术基础设施大多属于公共物品或者半公共物品，因此产业技术创新活动要受到地理边界的限制，产业技术创新生态系统常常具有区域特性或者国家特性。另一方面，产业技术创新生态系统的运行过程也具有动态性特征。为了适应瞬息万变的市场变动，系统内部各结点之间以及系统与环境之间存在着动态的相互作用，并借助信息运动不断地进行自我调节，以达到系统内外的平衡。产业技术创新生态系统也是通过这些相互关系的变化、系统内结点组织的相互合作，共同适应环境变化，这一特征也体现了产业技术创新生态系统的自组织性和共同进化性。

（3）开放性

从系统理论的角度来看，只有开放系统才能与外界环境进行物质能量的交换，才有可能从外界引入足够大的负熵流，从而降低自身的熵增，保证系统的有序性，增强系统的整体功能[94]。产业技术创新生态系统是否开放及开放程度是决定产业技术创新生态系统能否与环境顺畅地进行交流的关键。产业技术创新生态系统中不可避免地要进行人才、信息、资金的输入和技术产品的输出，没有这些流动，就不会有技术创新的成功。只有系统足够开放，技术创新主体内部资金、技术、人才等的相互作用才能实现，产学研的系统作用才能充分发挥，系统与经济、政策、资源环境等才能有效互动。只有足够的开放，系统才能自发地依据技术创新的目标和需要来吸收系统外的创新主体和创新资源，从而完善系统本身的创新内容，实现对环境的适应，创造出更加适合的生存条件。可见，产业技术创新生态系统是一个开放系统，与外界环境之间存在着物质、能量和信息的传递和交流，这种开放性能够推进系统整体技术创新能力的不断提高。

2.3　产业技术创新生态系统的构成

一个完整的生态系统，非生物部分和生物部分缺一不可。如果没有非生物环境，生物就没有生存的场所和空间，也就得不到能量和物质，因而也难以生存下去。生态系统由生物群落和非生物环境组成，人们通常将这两部分划分为生产者、消费者、分解者和无机环境。在自然生态系统中生产者指能利用无机物制造有机物的自养生物，主要是绿色植物。他们能将环境中的无机物合成有机物，并把环境中的能量以化学能的形式固定在有机体内。消费者是指直接或间接利用绿色植物有机物作为食物的异养生物。分解者以动植物残体、排泄物中的有机物质为生命活动能源，并把复杂的有机物逐步分解为简单的无机物的生物，主要是细菌、真菌等微生物和一些无脊椎动物。自然生态系统的生物群落和非生物环境分别构成了自然生态系统的生物成分和非生物成分。

产业技术创新生态系统的构成也可依此类比，产业内的各创新种群及其赖以生存的环境构成了系统的两大子系统，分别为生命子系统和环境子系统。其中生命子系统构成了系统的生物成分，它由上游技术开发研究类企业、中游中介服务类企业、下游产品制造生产企业组成，包括企业、政府、高校及研究机构、中介组织等，这些生物成分也扮演着生产者、消费者和分解者的角色。环境子系统由经济环境、政策环境、市场环境和资源环境等组成。在产业技术创新生态系统中,价值由上游企业通过中游企业、下游企业流向最终市场,信息在企业生命系统内部四通八达的流动,同时,生命子系统与环境子系统之间的物质、能量、信息也在不断地流动。产业技术创新生态系统的两大子系统及其构成要素间结构关系见图 2.1。

2.3.1　生命子系统

产业技术创新生态系统的生命子系统构成了系统的生物成分,它由上游技术开发研究类企业、中游中介服务类企业、下游产品制造生产企业组成,包括高校及研究机构、企业、中介组织、用户等,这些构成要素是技术创新的个体,也是技术创新活动进行的基本单元。在产业技术创新生态系统中,同类技术创新主体的集合形成技术创新种群,如企业种群、政府种群和中介机构种群等。

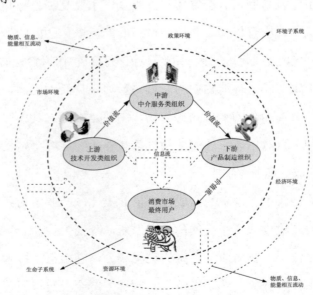

图 2.1 产业技术创新生态系统结构图

Fig. 2.1 Structure of Industrial Technological Innovation Ecosystem

（1）高校及科研机构种群

高校及科研机构种群处于产业技术创新生态系统的上游，在产业创新生态系统中扮演者生产者的角色，他们是产业技术创新活动的智力资源提供者和利益分享者，以技术创新的设计为己任，不断地为企业、社会提供创新人才及技术成果。产业技术创新生态系统内，高校和科研机构的创新研发能力是系统技术创新能力的直接反应。它们通过与企业种群的合作，推动技术创新成果的转化，实现技术创新成果的商业化和产业化。

（2）企业种群

企业是产业技术创新生态系统中最主要的参与者，它在产业技术创新生态系统中扮演着生产者、消费者和分解者三种角色。企业包括供应企业、竞争企业、用户（企业）和配套企业四种，他们之间通过产业价值链、竞争合作等方式实现互动。企业既是技术创新的生产者，也是技术创新的消费者。企业通过创新、生产和推广，才使得新技术得以发明和采用，创新才能转化为生产力。同时企业也是产业链中的分解者，它将自身生产的废料、废气等物质通过一系列的加工处理还回环境作为下游生产者的原料使用。在产业技术创新生态系统中，企业种群之间通常以核心企业为中心，展开各种合作。

（3）政府种群

政府虽然不是技术创新的直接参与者，但它却是推动和协调系统内技术创新的关键种群，在产业技术创新生态系统中扮演着分解者和消费者的角色。企业是产业技术创新生态系统的创新主体，其创新能力直接决定了产业的技术创新能力，其创新行为通常是由市场主导的，然而随着创新风险成本的不断增加，企业越来越难以承受创新风险和成本，从而对技术创新望而却步，在这种情况下，政府通常会介入企业的技术创新活动，引导企业进行有效的技术创新。政府主要通过制定一些与创新相关的政策、法律、法规等，营造有利于企业技术创新的良好的外部环境，从而刺激企业进行技术创新活动。政府种群的作用主要体现在以下几个方面：首先，在制度上保证企业技术创新能够有领导、有效率、有秩序的进行；其次，通过设立技术创新管理机构，明确技术创新的重要位置；再次，在产业政策上对技术创新密集度较高的产业，给予经费支持和优惠政策倾斜；最后，通过完善的法律法规体系，保护创新者的利益，规范技术创新行为。

（4）中介机构种群

中介机构在产业技术创新生态系统中扮演分解者的角色，起着催化剂和黏合剂的作用。中介机构虽然不是创新的直接主体，但却是主要的创新辅助主体，它们在促进创新主体间，创新主体与市场间的创新成果的产生、转移、扩散和反馈过程中起着纽带和桥梁作用。中介机构通过汇聚产业内分散于政府、高校及科研机构、金融机构、企业的创新政策、信息、资源，实现创新在产业内的扩散。中介机构包括咨询公司、培训中心、信息中心、科技孵化机构、技术评估与交易机构等，其职能是催化、裂变、促进、服务于创新成果的转化。

（5）用户种群

用户种群在产业技术创新生态系统中充当消费者的角色，处于产业技术创新生态系统的下游，是创新的需求者和创新成果的应用者，也是创新行为的引导者。用户对创新产品的需求，是产业内企业进行创新的原动力，同时，用户在使用创新产品过程中会对创新产品提供一定的反馈信息，这种信息也是企业进行创新改进及进一步创新行为的依据。因此，用户种群在产业技术创新生态系统中扮演者极其重要的角色。

2.3.2 环境子系统

产业技术创新生态系统的环境子系统由与系统内创新活动有联系的各项事物组成，是影响系统的存在、发展和演化的各种外部条件的总结。环境子系统主要由创新经济环境、创新政策环境、创新市场环境和创新资源环境等组成，这些外部环境构成了产业技术创新生态系统的非生物成分。

（1）创新经济环境

经济环境是指创新活动面临的社会经济条件及其运行状况、发展趋势、交通运输、资源等情况[95]。在产业技术创新生态系统中，各创新种群间不断进行着物质与能量的循环，当其中某个企业的资金循环发生障碍时，可能导致整个循环链条上循环时间延长，甚至是链条截断；系统内部的公共设施如水电煤气管道、公共物业服务部门等的正常运转也需要得到一定的经济支持，这些经济支持可能来自政府的资金支持或者金融企业的支持，这些经济支持越充足，对于系统的创新行为开展就越有利。

（2）创新政策环境

创新政策是政府为了影响技术创新的速度、方向和规模，促进技术创新成果的转化和普及而制定的一系列支持技术创新活动的公共政策的总称。从政府支持的角度来说，一方面，当单个创新主体无法承担技术创新的成本和风险时，能够获政府的支持会促进技术创新开展；另一方面，企业应以国家颁布的有关政策、法规、条例为依据，结合系统的实际，制定适宜的配套法规，利用这种强制性的正式制度安排约束人的行为、创新活动[96]。

（3）创新市场环境

创新市场环境主要通过供求、竞争等关系变化来影响技术创新活动。市场供求的变化会引起的原材料采购价格和产成品销售价格的变化，如原材料采购价格升高导致创新成本提高，产成品销售价格降低导致企业创新利润降低，二者均导致生产规模缩减，使产业链上物质循环量不足，从而影响技术创新的实现；如成品销售价格升高导致企业扩大生产规模，使产业链上某一环节的资源过度投入，其他企业没有充足的时间进行大幅度的变革与调整，从而影响系统内创新种群间合作，也不利于技术扩散的进行。

（4）创新资源环境

资源环境指开展创新活动所依赖的人才、资金、信息等资源的情况。任何技术创新活动都需要足够的创新资源作基础，创新人才、资金和信息的获得是产业技术创新生态系统进行技术创新的重要动力和保障。高校、科研机构为企业输送了大量的具有专业技术素养的人才，推动了产业技术创新生态系统的持续运行，而产学研的合作也促进了人才的流动和知识的共享。政府、企业和金融机构对创新资金的投入保障了技术创新活动的展开。而产业技术创新生态系统内部的信息交流以及与外部环境的信息交换，不断地为系统内的创新主体吸取能量，推动了产业技术创新生态系统内的创新主体及时地进行技术创新活动[97]。

2.3.3　产业技术创新生态系统种群生态位分析

Joseph Grinnell 于 1917 年在《加州鸫的生态位关系》一文使用生态位这一概念，使该名词流传开来。在生态学中，生态位是指在生态系统和群落中，一个物种与其他物种相关联的特定时间位置、空间位置和功能地位[98]。产业技术创新生态系统中的情况也与生物界类似，每个创新种群都拥有自己的生态位，规模和实力各不相同的大中小型企业能在市场中共同生存和发展，其根本原因就在于它们拥有不同的生态位。产业技术创新生态系统中，生态位是指一定空间和时间内，系统内各创新种群在创新资源、创新环境、创新对象等方面所占据的地位和功能[97]。

（1）高校和科研机构种群生态位

在产业技术创新生态系统中，高校和科研机构拥有大量的人才、高端的技术和先进的知识储备。与系统内其他创新种群相比，高校和科研机构在人才输送、技术提供、知识生产和传播方面拥有无可比拟的优势地位，这也是该种群与其他种群生态位相异的地方。

（2）企业种群生态位

在产业技术创新生态系统中，企业种群是最主要的技术创新主体，占据着相当重要的生态位。企业占有市场、技术和资金等创新活动所依赖的各种创新资源。在没有竞争的市场条件下，企业可以依赖其基础生态位上的各种创新资源完成创新活动，但在现实的市场经济条件下，企业为获得创新资源，占据更高生态位，必须通过参与市场竞争来获得。

（3）政府种群生态位

产业技术创新生态系统中，政府种群拥有政策调控权，其生态位是无可替代的。政府可以通过政策引导、宏观调控等方式激励和调节企业的创新行为，可以通过财政支持等方式辅助高校和科研机构进行科研活动，可以帮助和协调企业与中介机构建立良好合作关系，也可以直接参加技术创新扩散等活动。

（4）中介机构种群生态位

在产业技术创新生态系统中，中介机构掌控者技术和产业的扩散渠道，是连接各创新种群的纽带。中介机构主要是为系统内其他种群提供资金、技术转化渠道的桥梁。它们在资金、沟通、咨询、服务等方面具有独特优势。当系统内的创新种群为争夺创新资源而进行竞争时，中介机构的参与有助于实现创新资源的有效扩散和疏导，实现资源的合理利用。

（5）用户种群生态位

在产业技术创新生态系统中，用户种群作为消费主体发挥作用，决定着创新活动的目的、方向和前途。用户种群的需求是创新产品市场需求组成的基础，是市场调节的依据，指引政府创新政策支持的方向，并可调动系统内各种创新主体从事创新活动的积极性[99]。

2.3.4 产业技术创新生态系统层次结构

从上文的分析可知，产业技术创新生态系统由生命子系统和环境子系统两大子系统构成，每个子系统中又包括多项基本构成要素，这些构成要素相互联系、相互作用，在产业技术创新生态系统运行中所起的作用各不相同，占据着不同的生态位。根据这些构成要素的作用及其所处的生态位，可将构成要素分为四个层次，分别为创新核心层、创新主体层、创新辅助层和创新环境层。其中高校和科研机构种群构成创新核心层，由关键种企业、竞争企业和供应企业等组成的企业种群构成创新主体层，由政府种群、中介机构种群和用户种群构成创新辅助层，由创新经济环境、创新政策环境、创新市场环境和创新资源环境组成的环境子系统构成创新环境层。这四个层次的构成要素相互联系、相互作用，共同影响产业技术创新生态系统运行中各种技术创新活动的开展。

（1）创新核心层

高校和科研机构种群构成创新核心层，能够为产业技术创新生态系统的技术创新活动提供人力资源和技术支持。高校是企业技术人才引进的主要渠道，为企业的创新活动提供智力资源保障；而企业也会通过与高校或科研机构进行技术研发合作等方式来推动技术创新活动的进行。

（2）创新主体层

关键种企业、竞争企业和供应企业等组成的企业种群构成创新主体层。关键种企业是在企业群落中使用和传输的物质最多、能量流动的规模的企业；竞争企业指在创新技术及产品等方面具有一定程度相似性的企业；供应企业是为创新产品生产企业提供原料及相应服务的企业。这些企业是产业技术创新生态系统进行技术创新活动最直接的主体。这些创新主体通过创新核心层获得人力及技术保障，通过开展创新活动来推动和促进产业技术创新生态系统的运行。

（3）创新辅助层

政府种群、中介机构种群和用户种群构成创新辅助层，这些种群虽然不直接参与产业技术创新生态系统中的创新活动，但对创新活动起着主要辅助作用。政府通过法律法规体系，保护创新者的利益，规范技术创新行为；中介机构能够起到促进创新成果的产生、转移和扩散等作用；用户对创新产品的需求和反馈是创新活动的原动力。

（4）创新环境层

创新经济环境、创新政策环境、创新市场环境和创新资源环境构成创新环境层，为产业技术创新生态系统进行创新活动提供条件。系统内创新主体的创新行为促进创新环境的形成，同时，创新环境也通过经济支持、政策支持等方式反作用于创新主体。

2.4　产业技术创新生态系统的功能

产业技术创新生态系统的功能是指该系统与外界环境相互作用、相互影响的过程中表现出来的秩序和能力。产业技术创新生态系统主要具有以下几种功能。

（1）提高创新资源配置效率

由于资源的稀缺性，技术创新主体可获得及可利用的资源是有限的，投入到某种创新产品生产中资源的增加必然会导致投入到其他创新产品生产的同种资源减少。而在产业技术创新生态系统内，通过系统的整体运作从事相似技术研发和产品开发的创新主体集聚在一起，创新主体通常以市场为导向，坚持互惠互利的原则，自发或被迫在多种可以相互替代的资源使用方式中，选择较优一种，以达到资源使用的最高效率和自身利益的最大满足。同时，政府创新政策也会对产业资源进行总体协调，包括人力资源、天然资源、知识资源、资本资源、基础建设等，尽可能实现创新资源在系统内最优配置，以有效保障创新性产业技术及相关资源的供给。因此，产业技术创新生态系统可以实现创新资源的有效利用，具有资源配置功能。

（2）提高产业技术创新水平

通过产业技术创新生态系统的整体运作，系统内各创新主体为提高产业技术创新水平和加速关键技术突破寻找动力和提供支持，同时系统也可以通过对创新资源的有效配置为创新主体的技术创新活动提供有利条件。系统内的各创新主体间会通过不同方式进行合作，这种合作既不是将各种活动完全内部化的传统组织形式，也不是完全通过合同进行活动外部化的特别交易，因此在合作内也是激烈的竞争者。这种合作竞争能够扩大创新企业的资源边界，也促使专业化和分工程度提高，能够对合作伙伴在零部件生产、成品组装、研发和营销等各个环节的优势进行优化组合，放大规模效应，从而在一定程度上提高了产业内的技术创新水平。因此产业技术创新生态系统能够实现提高产业技术创新水平的功能。

（3）增强产业内互补性协作

科学技术的发展加深了技术的专业化程度，这种技术专业化趋势不仅伴随着技术门类的增加，也促使技术的分工越来越细致，而细致的分工就自然要求更广泛地合作。在产业技术创新生态系统内部，各创新主体是紧密联系的，部分创新主体间建立了技术合作或联盟的关系，这种合作通常是以创新技术及资源的互补为前提的，合作的目的是高效率的实现技术创新的四个阶段：研究与开发阶段、设计与试验阶段、生产阶段、市场实现与技术扩散阶段，最终共同分配创新收益。产业技术创新生态系统内不同创新主体间的这种合作关系促使不同创新主体形成利益共同体，共享各种有利创新资源，共同承担技术创新活动的风险。因此，产业技术创新生态系统具有增强产业内创新主体间互补性协作的功能。

2.5　产业技术创新生态系统运行理论基础

2.5.1　产业技术创新生态系统运行稳定性内涵

（1）系统稳定性的内涵

古代中国晋朝书画家顾恺之在书信中写到"行人安稳，布帆无恙"就是当时人们对自我保持能力或稳定的一种具体的说法。关于稳定性的定义，不同的学科领域，如航空学、生态学、控制学等都有自己的界定。如航空技术上，认为稳定性是指当作用于航空器上的扰动停止后，航空器能恢复原来飞行状态的能力；生态学上认为稳定性是指一个系统受到环境扰动后，能够回复到原来状态的能力。被广大学者们普遍接受的是控制学中对稳定性的理解：当一个实际的系统处于一个平衡的状态时如果受到外来作用的影响，系统经过一个过渡过程仍然能够回到原来的平衡状态，我们称这个系统就是稳定的；如果系统对于外来作用的瞬态响应随时间的推移而不断扩大或发生持续振荡，则系统是不稳定的[100]。控制学领域的稳定性理论中以李雅普诺夫（Lyapunov）稳定性理论最为经典。李雅普诺夫认为对于一个 n 维自适应系统，可将其稳定性分为稳定、渐进稳定和大范围稳定三种形式，若系统是渐进稳定的，且运动起始点可以是状态空间中的任意一点，随着时间 t 趋近于无穷大收敛于原点，则称此系统是大范围渐进稳定的，或是全局稳定的[101]。

（2）生态系统稳定性的内涵

通过对已发表文献研究可以认识到，由于生态系统稳定性研究的复杂性，学者们对生态系统稳定性的定义阐述众多，而且侧重点各有不同。如 Wu J. G.（1996 年）认为生态系统稳定性包括 4 种相关但不相同的含义和用法：抗变性或阻力、复原性或恢复力、持续性或持续力、变异性或恒定性[102]；Volker Grimm（1997）则认为稳定性并不能直接定义，也不能作为一个术语，而只能通过其他的概念来表示，并认为稳定性应包括定性、持久性和恢复力 3 个方面[103-104]；Zhang J Y 和 Zhao H L（2003）通过对不同文献的分析总结，认为生态系统稳定性的概念应包括 3 个类型：群落或生态系统达到演替顶极以后出现的能够进行自我更新和维持并使群落的结构、功能长期保持在一个较高的水平、波动较小的现象；群落或生态系统在受到干扰后维持其原来结构状态的能力；群落和生态系统受到干扰后回到原来状态的能力[104]。中国科学院的柳新伟博士通过分析研究指出生态系统稳定性包括两个方面，即不超过生态阈值的生态系统的敏感性和恢复力，其中恢复力是指消除干扰后生态系统能回到原有状态的能力，包括两个方面的内容：恢复速度和与原有状态的相似程度[105-106]。目前，学者们能够普遍认可的是经典生态系统中关于稳定性的定义：从生态学角度来讲，稳定性指的是两方面的内容，一是生态系统对于干扰破坏的抵抗能力与避免能力，可以简称为"抵抗力"（resistant）；二是生态系统在受到干扰破坏后迅速恢复到最初状态的能力，可以简称为"恢复力"（resilience）[107]。

（3）工业生态系统稳定性的内涵

肖忠东（2002）在其博士本书中基于对产业（工业）生态学的研究，

指出工业（产业）生态系统稳定性指一个工业（产业）生态系统内外部环境出现不同程度的变动时，系统维持稳定状态的能力[106]。邓华认为产业生态系统稳定性是指处于平衡状态的产业生态系统在干扰出现的情况下，保持自身原有平衡状态的能力。同时，邓华指出肖忠东虽然提出这种能力是维持"稳定状态的能力"，但是并没有明确界定什么是稳定状态，因此邓华明确提出了这个"稳定状态"就是原有状态，并指出这个原有状态也一定是一个系统内部资源流动有序、数量适当的平衡状态[108]。

（4）企业战略联盟稳定性的内涵

关于企业战略联盟的稳定性研究也对本书有很好的借鉴作用。战略联盟是两个或两个以上的经济实体（一般指企业）为了实现资源共享、优势互补等战略目标而采取的任何股权或非股权形式的共担风险、共享利益的长期联合与合作协议[109-110]。战略联盟是优势企业为了实现某种战略目的所进行的长期合作，因此战略联盟具有战略性、平等性、模糊性和灵活性等特点。通过战略联盟可以实现单个企业无法实现的许多好处，如可通过优势互补使竞争力增强、可越过贸易壁垒、可有效地进行技术创新，但也应认识到，组建战略联盟同时也存在很多风险，如技术泄密、控制权受影响、导致合作方的机会主义行为等等，因而极易发生组织成员背叛合作承诺的不利情形，造成战略联盟的不稳定。学者们普遍认同的观点是企业战略联盟稳定性是指联盟合作企业为实现既定战略目标，在一定时期保持健康的联盟关系的正常波动状态[111-113]。

（5）供应链运行稳定性的内涵

此外，关于供应链运作的稳定性研究也对本书的有很好的借鉴作用。供应链管理的目的就是要对供应链各成员企业实施计划、组织、协调，使供应链整体能够稳定有序地运行。供应链运作稳定性是指在某一特定时期内，供应链成员企业在完成用户特定任务或特定需求的过程中，始终保持良好的协作关系，并使供应链运行处于正常波动状态[114]。在用户任务或需求没有得到满足之前，没有供应链成员企业中止合作或要求退出供应链[115-116]。

（6）产业技术创新生态系统运行稳定性的内涵

产业技术创新生态系统运行的目的在于通过系统中合作竞争等形式使系统成员能够集中各自的优势资源，更好地开展创新活动。如果一个产业技术创新生态系统是稳定运行的，那么系统内的各创新主体在为应该是有利于创新活动开展和创新效率提高的，而且这种提高和相应的创新收益分配方案符合参加合作的各创新主体的利益，在这种状态改变前，系统内创新主体有动力去维护和促进这种状态的维持，且系统在运行中不断与外界进行信息、能量的交换，并保持一种动态的波动，但这种波动不会打破原有关系的状态和发展方向。

基于以上分析，本书认为产业技术创新生态系统运行稳定性是指：在系统运行过程中，系统内的各创新主体为实现既定目标，在一定时期内保持健康竞争合作关系的正常波动状态，这种稳定是相对的、动态的、有效的。

2.5.2 产业技术创新生态系统运行耗散结构研究

由产业技术创新生态系统运行稳定性内涵可知，该系统在运行中由于不断与外界进行信息、能量的交换而处于动态的开放状态，为维持该系统有效的稳定运行，应使该系统处于有序性的状态下，这可以通过耗散结构理论得以解释。

耗散结构论是比利时籍俄国科学家普利戈金（Prigogine）于1969年提出的，认为一个远离平衡态的非线性的开放系统（不管是物理的、化学的、生物的、经济的系统）通过不断地与外界进行物质和能量的交换，在系统内部某个参量的变化达到一定的阈值时，通过涨落，系统可能发生突变即非平衡相变，由原来的混沌无序状态转变为一种在时间上、空间上或功能上的有序状态。这种在远离平衡的非线性区形成的新的稳定的宏观有序结构，由于需要不断与外界交换物质或能量才能维持，因此称之为"耗散结构"。[117]。

2.5.2.1　耗散结构形成条件

由普利戈金以总熵变公式（3-1）为工具，科学地论证了开放性是耗散结构形成的必要条件。

$$ds = d_i s + d_e s \qquad\qquad （3-1）$$

耗散结构论认为，系统的正熵流生成于系统的内部矛盾中，系统通过与外界环境进行物质、能量等的交换能够产业负熵流。熵是根据热力学概率定义的一个物理量，熵可看作是测量无序的量，熵也是混沌度，是内部无序结构的总量。上述公式中 $d_i s$ 是系统内部混乱性产生的熵，称为熵增加，$d_i s \geqslant 0$；$d_e s$ 是系统通过与环境相互作用而换来的熵，称为熵交换或熵流，可正可负，如图 3.2。

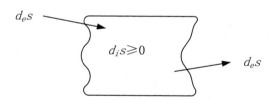

图 2.2　熵变公式示意图

Fig.3.2 Sketch of Entropy Change Formula

1. $d_e s = 0$，系统是不开放的，与外界没有交换，系统内部产生的熵使系统混沌程度持续增加，不可能出现自组织，只可能发生有组织的退化；

2. $d_e s > 0$，系统与外界交换得到的是正熵，总熵变 $ds > 0$，系统的混乱无序程度更加重，不会发生自组织；

3. $d_e s < 0$，但$|d_e s| < d_i s$，通过对外部开放从环境中取得负熵，但从环境得到的负熵不足以克服内部的熵增加，总熵变$ds = d_e s + d_i s \geqslant 0$，系统也不会发生自组织；

4. $d_e s < 0$，且$|d_e s| > d_i s$，系统从环境中得到的负熵大于内部的熵增加，总熵变$ds < 0$，系统出现减熵的过程。从而使系统进入相对有序的状态[118]。

上述论证表明，对外开放是系统耗散结构形成必要条件，系统如果不开放是不可能出现减熵的。但开放性只是耗散结构形成的必要条件，错误的开放从外界得到的是正熵，将会加速摧毁系统的有序结构。因此，系统只有正确的而又充分的对外开放，与外界有物质、能量和信息的交换，才能获得负熵，这个负熵与系统内部自发过程引起的熵增才会相互抵消，才能推动系统向有序状态转化。

同时，普里戈金指出耗散结构形成的充分条件是系统保持"远离平衡态"，即所说的"非平衡是有序之源"。这里所说的非平衡态与平衡态和近平衡态相对应，是指系统远离平衡态的状态。在平衡态附近和离平衡态不远的近平衡态，相对有序是不稳定的，系统仍趋向于平衡态，或非平衡稳定态，由内部引起的小涨落对还不可能导致突变，因而不可能形成耗散结构。而当系统处在远离平衡态的非线性区时，即处于非平衡态时，系统处于一种十分不稳定的状态，一旦外界对系统施加足够的影响，系统就有可能通过涨落，发生突变进入一个新的稳定有序状态，进而形成新的稳定有序结构。可见，耗散结构是在远离平衡区的非线性系统中所产生的一种稳定化的自组织结构，其形成与维持至少需要具备三个基本条件：

（1）系统必须是开放的，孤立系统和封闭系统都不可能产生耗散结构；

（2）系统必须处于远离平衡的非线性区，在平衡区或平衡区都不可能从一种有序走向另一更为高级的有序；

（3）系统中必须有某些非线性动力学过程，如正负反馈机制等，正是这种非线性相互作用使得系统内各要素之间产生协同动作和相干效应，从而使得系统从无序变为井然有序。

2.5.2.2　产业技术创新生态系统运行中的耗散结构特性分析

在本书的第 2 章中，分析研究了产业技术创新生态系统的特征，指出产业技术创新生态系统具有复杂性、动态性和开放性等特征，这些特征正好符合耗散结构研究对象的特征，为应用耗散结构论对产业技术创新生态系统运行研究提供了很好的论据。具体来说，产业技术创新生态系统在运行中的耗散结构特性体现在以下几个方面。

（1）产业技术创新生态系统是个开放系统

熵是度量系统有序程度的量，系统正熵值越大，系统就越混乱无序，为提高系统的有序度，就必须要降低系统熵值。然而，根据热力学第二定律"不可能把热从低温物体传到高温物体，而不引起其他变化"，得出的熵增原理证明在任何孤立系统内，无论怎么变化都不能导致熵的减少，也就是孤立系统产业的熵流只能为零或正熵流，因此，为使系统有序必然要求系统是开放的。只有系统与环境之间存在物质、能量和信息的交换，才能产生负熵流，系统的总熵才会减少，系统才会进入有序的耗散结构状态[117]。

产业技术创新生态系统的开放性体现在生产、营销、管理的各个方面。如在创新资金保障方面，创新活动的开始必须依靠原始创新资金投入，创新活动的持续进行必须依靠充足的后续资金投入。在产业技术创新生态系统开展创新活动过程中，创新资金来源可以从系统内部产生，即创新主体从销售收入中按比例提取研发经费，也可以从外部环境输入，比如社会融资、政府投资、引进外资等。后者就体现了产业技术系统生态系统与环境之间的资金交换，资金的输入使系统从环境中获得负熵流，来抵消系统内的正熵。随着全球化的不断推进，开放已经成为一种无法回避的系统现象。可见，产业技术创新生态系统是一个典型的开放系统。

（2）产业技术创新生态系统远离平衡态

远离平衡态是指系统内部各个区域的物质密度和能量分布是极不平衡的，差异很大。耗散结构理论告诉我们，无势能差的平衡系统服从势能最小原则，因而必然是一个低功能的系统。任何一个具有内在活力的社会系统，必定是一个有差异的、非均匀的、非平衡的系统。因为在平衡态下，系统内部混乱度最大，无序性最高，组织最简单，信息量最小。而且，系统一旦进入这种"死"结构的平衡态，便维持这种状态不变，很难取得前进和发展，因此，系统要想实现自组织演化，其判断依据之一便是系统远离平衡态，即系统的各个组成部分是否均匀一致，系统的各个部分之间存在差异，并且差异越大，系统离开平衡态就越远[119]。

产业技术创新生态系统内创新主体由于在国别、地域、成长经历、初始的物质资源和知识资源等诸多方面存在差别，而且每个企业领导人的首创精神不同，企业生产经营理念也千差万别，这众多因素所导致的差异促使产业技术创新生态系统愈加远离平衡态，为其耗散结构的形成创造必要的条件。在产业技术创新生态系统的运行中，那些能够顺应变化、积极开展创新活动的创新主体不仅能够更好地满足用户种群对创新产品的需求，而且能够满足自身利益的提升，这些创新种群会逐渐在市场竞争中获得独特优势；而不能顺应市场变化的创新主体将在竞争中被淘汰，系统逐渐朝着有序状态发展。在产业技术创新生态系统中存在一批行业领先企业，它们之所以在创新方面取得竞争优势，并能够在行业发展起到带动其他企业创新的作用，是因为他们最先感知到市场创新需求的变化，并通过不同方式采取主动行为来应对这种变化，从而先于其他企业远离平衡状态，为其后续开展自主创新活动抢占了先机。

（3）产业技术创新生态系统面临涨落

系统理论指出，系统内各要素的非线性作用同时会产生两种对立的力量：一是惯性，二是涨落。惯性是系统原来的稳定状态，是肯定方面，涨落是其否定的方面，是对系统和其结构的随机扰动。只有放大涨落的作用即形成"巨涨落"，才能冲破原始惯性的束缚，最终使系统发生质变。涨落是对系统稳定的平均状态的偏差，这种偏差是系统演化中的随机非平衡因素，最终可以导致系统有序[117]。

随着产业技术创新生态系统的运行，系统始终处于永不停息的发展之中，不同子系统、不同个体之间在进行着无休止的碰撞、交流，这正是一种涨落。如产业技术创新生态系统中企业家的创新精神、创新技术、创新政策等发生变化都会引起系统的涨落。企业家创新思想的转变和创新意识的增强，有助于系统创新能力的提高；系统内的创新技术，尤其是关键技术、重要工艺的新突破足以构成推动产业技术创新生态系统向系统有序演化的巨涨落；创新政策的支持对产业技术创新生态系统开展创新活动具有很强的促进作用，推动系统形成巨涨落。

（4）产业技术创新生态系统存在非线性相互作用

非线性相互作用是复杂系统中要素间存在的相互作用方式，由于描述这种相互作用的方程是非线性微分方程，所以称之为非线性相互作用[120]。非线性相互作用具有不独立的相干性、时空的不均匀性和多体的不对称性等特点，所以它不同于线性相互作用，它不是简单地进行数量叠加，而是随时间、地点和条件的不同，呈现出不同的相互作用方式和不同的效应。因此，非线性相互作用既能阻止偏离均匀定态的系统回归定态，又能确保系统趋向一个新的稳定态，而不会无限发散。因此说，非线性相互作用是系统形成有序结构的内在原因[117]。

产业技术创新生态系统在运行中存在着复杂的非线性相互作用。这种复杂的非线性相互作用体现在很多方面，如创新收益的诱导会对企业家创新精神产生一定的促进，这种促进不是简单的线性叠加，而是通过企业家追求创新收益的本质，激发起企业家带领企业从事创新活动的愿望，从而促进企业家发挥出创新精神的影响力，这是一个复杂的非线性相干过程；又如产业技术创新生态系统内的资金、信息等各项资源在系统内各创新主体间流动，为创新活动开展提供保障，而创新活动的开展又为地方经济的发展、国家财政的增加做出贡献，同时，国家和地方所制定的各项创新政策又会为系统创新活动持续开展提供良好的动力条件，从而在系统内形成互相作用、相互影响的非线性相互作用关系[121]。

通过以上分析可见，产业技术创新生态系统在运行中具有耗散结构特征，耗散结构理论在产业技术创新生态系统运行研究中具有适用性。以耗散结构理论为依据，可指导产业技术创新生态系统向有序状态发展，从而保持其运行的稳定性。后文将从耗散结构理论的视角对探讨产业技术创新生态系统运行中各项关键要素的相互作用，以使系统向着有序的方向发展。

2.6　产业技术创新生态系统稳定运行的特征

通过对产业技术创新生态系统运行稳定性内涵的界定及其运行的耗散结构特性，可以分析出当产业技术创新生态系统稳定运行时，系统会表现出如下几个特征。

（1）产业技术创新生态系统整体创新效率维持稳定或不断提高。

应该说，这是产业技术创新生态系统创新主体间合作的基础与目的所在。当产业技术创新生态系统稳定运行时，能保持系统内各创新主体最大限度地发挥其各自的优势，使系统高效率地运作和发挥其在稳定运行中的最大效用。如果产业技术创新生态系统的整体创新效率不断地下降，系统内各创新主体间相互合作的关系也就失去了存在的必要性，这时候，如果仍一味地强调和维持产业技术创新生态系统运行稳定性也就失去了意义。

（2）产业技术创新生态系统内不同创新主体间的合作不间断，系统运行具有相对稳定性。

整个产业技术创新生态系统运行的各环节不会出现供应的短缺或是生产的延误或是其他合作中的不稳定问题，在某一个特定时期内，系统内不同创新主体间的合作关系保持不间断。当然，这里所称产业技术创新生态系统运行的稳定性是相对而言的，即它是相对某一项（或多项）特定创新任务或特定创新需求而言的，当任务或需求完成和满足后，系统要做相应的调整与改变。

（3）产业技术创新生态系统能在运行中适应不断变化的环境，系统运行具有动态稳定性。

当技术创新机会来临时，为完成特定的创新任务或满足一定的创新需求，系统内各创新主体会主动选择合作伙伴开展创新活动，当机会丧失时，合作各方则会各奔前程，为寻找新的创新任务或满足新的创新需求而寻求新的合作。系统内不同创新主体间的合作是随创新任务或创新需求情况而发展变化的，这种合作关系由一种相对稳定的状态在内外部环境因素的影响下会变得不稳定，通过创新主体间再次合作行为的选择又变得相对稳定了，产业技术创新生态系统就是处在这种"稳定—不稳定—稳定"的动态变化中运行的。

（4）产业技术创新生态系统运行中不同创新主体间的合作创新收益大于终止成本，系统具有有效稳定性。

产业技术创新生态系统运行中不同创新主体间的合作关系是以共同利益为基础的，只有当系统处稳定运行状态时，系统整体的效用才能达到最大化。系统内的不同创新主体在与合作伙伴进行合作创新过程中，能够获得的创新收益应大于终止这种关系的成本时，才是有效的稳定性。当获得的创新收益小于终止成本时，创新主体间所进行的合作创新就失去了意义，系统运行稳定性将被打破。

2.7　本章小结

本章主要完成了对产业技术创新生态系统的构建，并对系统运行的理论基础进行了研究。首先，界定了产业技术创新生态系统的内涵，分析研究了产业技术创新生态系统的特征和构成；其次，阐述了产业技术创新生态系统的功能，认为产业技术创新生态系统能够提高产业技术创新水平、提高创新资源配置效率，并能够增强产业内创新主体间的互补性协作；最后，对产业技术创新生态系统运行理论基础进行了研究，指出该系统在运行中具有的耗散结构特性。

第3章 产业技术创新生态系统运行机制及关键要素研究

产业技术创新生态系统的能够持续运行是系统内各种机制相互作用的结果，其运行中的各项关键要素如何发挥作用直接影响着系统运行效率。因此，本书着重从产业技术创新生态系统运行过程中的关键要素入手，构建产业技术创新生态系统运行关键要素结构模型。

3.1 产业技术创新生态系统运行机制研究

机制原指机器运转过程中的各个零部件之间的相互联系、相互因果的联结关系及运转方式[122]。生物学和医学为了认识生物的本质，借用"机制"来分析生物结构组成部分之间的相互关系及其相互作用[123]。机制在经济学和管理学中则用来描述经济或管理中各子系统、各构成要素之间相互联系、相互作用的关系及其功能[122]。在产业技术创新生态系统中，其运行机制是指系统运行中的各项关键要素间相互联系、相互作用的关系及在系统运行中的作用和功能。

3.1.1 创新动力机制

3.1.1.1 创新动力要素及其功能

产业技术创新生态系统所进行的技术创新活动与其他经济活动一样，也需要在一定的相关动力因素推进下展开。所谓技术创新动力，是指促使创新主体产生创新要求和创新欲望，并开展创新活动的一系列因素和条件[124]。技术创新动力是创新主体开展和强化创新活动的力量源泉，其强弱直接关系创新速度和创新规模的大小[125]。国内外许多学者，如 freeman、孙冰、万君康、赵志强等人从不同角度和方面对技术创新动力进行了的研究，也取得了许多有价值的成果，他们相继将政府创新政策、市场竞争、资源配置、企业家精神、激励机制、创新主体对创新利益的追求、创新成果概率期望等因素归入推动技术创新活动开展的动力要素[126-132]。本书在前人的研究基础上，结合产业技术创新生态系统构成要素的特点，提取如下几项产业技术创新生态系统的技术创新动力要素。

（1）企业家创新精神

企业家的创新精神是指企业家所具有综合运用已有的知识、信息、技能和方法，对企业的管理和研发等方面提出新方法、新观点的思维能力、信心、勇气和智慧[133]，这种创新精神能体现进行技术创新的渴望、对新技术的投资力度等，在一定程度上决定着种群企业技术创新的程度和水平。

企业家创新精神是企业精神的人格化，指导企业开展技术创新活动的前提。在产业技术创新生态系统中，企业家带领企业争夺稀缺的创新资源、开展技术创新活动、参与市场竞争、追求最大创新利润等，在这些活动的过程中主动或被动的形成了企业家独具一格的创新精神。企业家创新精神的体现在多个方面，如引入一种新的产品、提供一种产品的新质量、实行一种新的管理模式、采用一种新的生产方法或开辟一个新的市场等[134]。

由于企业家所具有的这种创新精神，使其不满足于企业现有的技术现状，其对创新的渴望、对科学技术与发明的感知能力、对新技术的投资力度，决定了企业技术创新的程度和水平。尤其在生产水平相对较低的情况下，企业家个人的创新意识和行为对技术创新的影响尤为显著。随着生产力水平提高，生产集中度的日益增强，合作逐渐成为企业家精神的精华，虽然企业家个人活动对技术创新的影响有所减弱，但是企业内领导团队的活动对技术创新的影响却日益增强[135]。

（2）创新收益驱动

产业技术创新生态系统中，创新收益驱动是指的系统内各创新主体出于对利润的追求而主动从事创新活动，对创新收益的追求也是企业最主要的创新动力[136]。

对创新收益的追求是创新主体最主要的创新动力，也是促使技术创新生态系统远离平衡太的最活跃的要素。创新者如何获得创新的价值是一个持续的问题，创新者不能占有创新的价值就不会有创新的产生。企业对创新收益的占有对于保护其以创新为其他的竞争优势至关重要，直接影响企业的绩效[136]。在产业技术创新生态系统内，处于同一层面的大多数企业的产品具有相似性，市场具有完全竞争市场的特征。在完全竞争的市场，没有超额利润。企业为了追求超额利润，就会寻求垄断，企业对市场形成垄断的主要途径就是发现一个新的产品市场，在这样的市场上，企业是唯一或少数的供给者，可以根据自己的利益来决定价格。新产品或新技术与原产品或技术的差异越大，替代性越低，企业通过差异化形成壁垒的可能性就越强，获得利益的可能性就越高。因此，为了追求超额利润，企业就会展开新一轮的创新活动，并通过对超额利润的追求来实现企业竞争优势的不断提高。因此，创新利益的诱惑促使企业不断创新，促进系统内形成创新活动的良性循环[63, 137]。

（3）创新需求拉动

在产业技术创新生态系统运行中，用户种群对于创新产品的需求能够推动企业开展创新活动，以满足用户种群的需求。

市场创新需求是产业技术创新生态系统技术创新发展的根本动力。创新是产业技术创新生态系统的创新主体对市场变化的一种本能反应，而市场是技术创新得以实现的最终场所。用户种群对于创新产品的需求是系统内创新主体从事技术创新活动的动力之一，也是技术创新活动的起点。市场需求对技术创新的作用体现在刺激和约束两种力量。一方面，市场需求随着经济和社会的发展而不断变化，当这种变化积累到一定的水平时，就会为创新主体提供新的市场机会，驱动企业以此为导向开展技术创新活动。另一方面市场需求对企业的逆向约束压力威胁着企业的生存，企业为了生存和获利，就必须能生产出符合市场创新需求的产品。市场需求的正向刺激和逆向压力的双重作用，形成了技术创新行为的基本动力。

（4）创新政策支持

在产业技术创新生态系统中，创新政策是指政府种群为激励企业进行创新活动所进行的宏观调控或所颁布的政策、法规。能够获得这些政策上的支持会极大地促进企业开展技术创新活动[138]。

创新政策的引导支持是产业技术创新生态系统中的一个重要的调节力。当市场机制不能发挥良好作用时，为了加速产业技术创新生态系统内技术创新的进程，需要政府的政策导向和宏观调控，形成作用于系统内创新主体和市场之间的激励力量。这些创新政策的支持可以体现在对创新产品的政府采购、创新技术研发的经济支持、对创新技术标准的制定、对创新行为的监管，也包括对知识产权的保护政策等方面，比如对创新产品的直接补贴、税收优惠、价格优惠等措施，或者以政府采购的方式直接购买创新产品，也包括对研发项目的贷款优惠、经济支持等。

（5）创新资源保障

在产业技术创新生态系统中，创新资源是指为保证系统内创新活动的顺利进行所需的各种资源，包括创新人才、创新资金和产业信息等项资源[139-140]。

创新资源保障是产业技术创新生态系统进行技术创新活动的基础。产业技术创新生态系统内的创新主体进行各种创新活动离开创新资源的保障，比如专业的创新人才、充足的研发资金、先进的创新技术、及时准确的信息等，这些创新资源的有效获取是产业技术创新生态系统进行技术创新的重要动力和保障。创新个体对创新资源的追逐体现在创新活动的各个环节，贯穿于创新活动，包括对创新资源的搜索、获取、整合、利用、保持、更新、循环。这些创新资源即有物质的也有非物质的，但全部对技术创新的实现及创新成果的取得发挥作用，包括直接参与创新活动不同阶段的各类资源，服务于创新过程不同阶段的各类资源，以及创新成果的保持、扩散所需的各类资源[141]。

（6）创新技术推动

在产业技术创新生态系统中，创新技术指系统各创新主体在进行创新生产方面的经验、知识和技巧，新的创新技术的产生是创新主体进行创新活动的主要原因[124]。

科学技术上的进步是驱使产业技术创新生态系统内相关创新主体进行创新活动的原动力。创新技术的发展为系统内创新主体的技术创新活动提供了一个新的平台，创新主体会在市场竞争的压力下和创新收益的驱动下主动或被动开展基础性技术的研究，以建立、改变或维护行业的技术标准为目标，积极地进行科技创新活动，当这种创新研究取得成功时，创新主体就在竞争中抢占了先机，也将带动系统内其他创新主体开展与此创新成果相关的创新活动。创新技术的进步会推动创新产品的产生，也会加剧市场竞争的激烈程度，特别是在许多高技术产业技术创新生态系统内，技术的更替速度飞快，创新产品层出不穷，谁在创新技术上掌握了主导权，谁就在市场竞争中掌握了主动权。而激烈的市场竞争也促使在竞争中生存下来的创新主体投入大量的人力、物力和财力开展新一轮技术和产品的研发，使创新主体可以在更高的技术层次上进行技术创新。

（7）市场竞争牵引

在产业技术创新生态系统中，市场竞争是指系统内创新主体从各自的利益出发，为取得较好的创新产品产销条件、获得更多的市场资源而竞争。这种竞争会牵引创新主体不断地进行创新，以提高产品质量和差异化，从而获得竞争优势。

市场竞争的激烈程度影响着创新企业的技术创新行为。在产业技术创新生态系统内，由于处于同一层面的大多数创新企业的产品具有相似性，因此创新企业之间通常通过技术创新和新产品的研发来节约生产成本、提高产品质量和产品差异化，从而获得竞争优势。而且在产业技术创新生态系统中，上下游企业与该产系统内创新主体合作有很多选择，当某个创新主体出现创新滞后时，该企业或机构就随时面临被产业技术创新生态系统淘汰的危险，其在系统内的位置将被更有竞争力的创新主体所代替。一旦技术创新在某一企业率先实现时，会由于知识溢出或通过其他途径为其他创新企业主动或被动的提供相关信息，从而促进整个系统内的技术创新行为，系统内原来的竞争格局和企业间的创新收益分配格局就会被打破，创新收益也会被众多企业重新分配，率先实现技术创新的企业竞争优势也会逐渐消失。在这种市场竞争的压力下，系统内的创新主体为生存和发展必然会持续不断地进行技术创新活动，从而实现整个产业技术创新生态系统的整体创新水平的提升。

3.1.1.2　创新动力要素相互关系分析

耗散结构论认为管理系统内部各子系统或各要素存在着相互作用和影响，部分要素的作用能够激发或补充其他要素潜在的能力发挥，形成非线性相互作用，从而促成管理目标最终实现的规律。在产业技术创新生态系统中，推动其创新动力机制运行的各关键要素间相互作用、相互激发，会产生非线性的相互作用，促使各创新动力要素功能耦合而成的全新的整体效应，这种耦合能使系统创新动力功能生成倍增，能够提高创新动力要素在协同工作中的效能[116]。产业技术创新生态系统创新动力要素间的非线性相互作用关系如图 3.1。

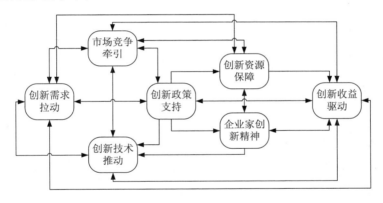

图 3.1　产业技术创新生态系统创新动力要素相互关系图

Fig.3.1 The Model of Innovation Dynamics of Industrial Technological Innovation Ecosystem

在产业技术创新生态系统中，具有创新精神的企业家们在市场竞争的牵引下、政府创新政策的引导下通过与系统内的其他创新主体间的合作与竞争，开展技术创新活动，实现对系统的创新资源分配，满足了一定创新产品市场需求，也收获了相应的创新收益。创新主体的技术创新产品如果能够满足市场的创新需求，就必然能获得较好的创新收益，也因此在市场竞争中占据优势，进而使得创新主体更有能力获得的稀缺的创新资源，从而进一步的开拓创新，满足更高的市场创新需求，并在竞争中立于不败之地，如此进入良性的创新循环。市场需求在拉动企业进行技术创新的同时，也带动创新企业与系统内的高校、科研院所等创新主体进行合作、协同创新。系统内的创新主体要提供能够满足市场创新需求的技术和产品也必然离不开创新资源的保障和创新技术的发展。市场创新需求的变动也与政府的创新政策支持有密切的关系，政府常常通过制定相关的政策来改变需求结构。此外，市场需求拉动与市场竞争牵引通常是同时存在的，能够满足市场需求的技术和创新产品，必然能够在竞争中胜出。可见，产业技术创新生态系统在运行中，各项创新动力要素间相互作用、相互激发，产生协同互补效能，使系统功能放大，进而能够实现创新动力要素的协同功能倍增。

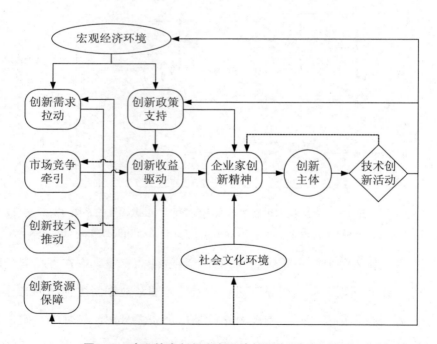

图 3.2　产业技术创新生态系统创新动力机制运行图

Fig.3.2 The Operation Model of Innovation Dynamics Mechanism of Industrial Technological

Innovation Ecosystem

3.1.1.3　创新动力机制的运行

在产业技术创新生态系统的创新动力机制运行中，创新收益驱动起着重要的核心和枢纽作用，因为所有的动力要素最终都将转化成创新利益驱动力而发挥作用。在宏观经济环境、社会文化环境等因素的作用和影响下，来自市场的竞争牵引力和创新需求拉动力、来自创新技术的推动力、来自政府创新政策的引导力、对创新资源的占有欲，都将直接或间接地转化为创新收益驱动力，成为作用于产业技术创新生态系统内创新活动开展的动力源泉。企业家创新精神对创新收益驱动力具有感应与启动作用，它能够直接驱动产业技术创新生态系统内的创新主体从事创新活动。而成功的创新活动又能够反作用于市场、技术、政府、环境，继而引发出新轮更高层次的创新需求。创新动力机制的运行过程可由图 3.2 所示，图中实线表示环境要素及创新动力要素主要作用，虚线代表技术创新活动对环境及创新动力要素的作用。

3.1.2　竞争与合作机制

产业技术创新生态系统在各项动力要素的驱动下运行，系统内物质、信息等各项资源在创新种群间进行相互流动，不同种群间表现出多种相互依存、相互联系的关系，这些关系可以概括为竞争关系与合作关系。

3.1.2.1　创新种群竞争模型

生态学中，竞争指同种或不同种的许多个体，对食物和空间等生活的必需资源有共同的要求而导致需求量超过供应量时所产生的相互作用[93]。在产业技术创新生态系统中，各创新种群为争夺创新资源、实现一定的经济目标，会和其他种群开展竞争，这种竞争会导致两个种群无法同时占据同一生态位，创新种群只能通过改变资源利用方式等渠道使自身产生相对优势，从而避免生态位的完全重叠[142]。

本书采用 Lotka 和 Volterra 提出的 Lotka-Volterra 竞争模型，用来分析创新种群如何在系统中与竞争种群共存。产业技术创新生态系统中两个创新种群的竞争方程如下：

$$\frac{\mathrm{d}N_1}{\mathrm{d}t} = r_1 \bullet N_1 \frac{(K_1 - N_1 - \alpha_{12}N_2)}{K_1} \tag{3-1}$$

$$\frac{\mathrm{d}N_2}{\mathrm{d}t} = r_2 \bullet N_2 \frac{(K_2 - N_2 - \alpha_{21}N_1)}{K_2} \tag{3-2}$$

α_{12}，α_{21} 是竞争系数；K_1 和 K_2 分别是创新种群 1 和创新种群 2 的承载力；N_1 和 N_2 分别是创新种群 1 和创新种群 2 的数目；r_1 和 r_2 分别是创新种群 1 和创新种群 2 的种群增长率；$1/K_1$ 和 $1/K_2$ 为创新种群 1 和创新种群 2 对自身种群的增长抑制作用；α_{12}/K_1 为创新种群 2 对创新种群 1 的影响力，α_{21}/K_2 为创新种群 1 对创新种群 2 的影响力[143]。

该模型表明，如果某一创新种群的大小发生增加或减少，那么其竞争种群的生长率将经历相应的减少或增加。当式（3-1）和式（3-2）均等于 0，即满足 $\mathrm{d}N_1/\mathrm{d}t = \mathrm{d}N_2/\mathrm{d}t = 0$ 时，就能实现两创新种群竞争的稳定平衡状态[142]。

此时稳定点的坐标为：$N_1^* = \dfrac{K_1 - \alpha_{12}K_2}{1 - \alpha_{12}\alpha_{21}}$，$N_2^* = \dfrac{K_2 - \alpha_{21}K_1}{1 - \alpha_{12}\alpha_{21}}$。

因此，当创新种群 2 可以抑制创新种群 1 时，可以认为，创新种群 2 对创新种群 1 的影响大于创新种群 2 对自身的增长抑制作用，即 $K_2 > K_1/\alpha_{12}$。同理，当创新种群 2 不能抑制创新种群 1 时，有 $K_2 < K_1/\alpha_{12}$；当创新种群 1 可以抑制创新种群 2 时，有 $K_1 > K_2/\alpha_{21}$；当创新种群 1 不能抑制创新种群 2 时，有 $K_1 < K_2/\alpha_{21}$。在创新种群的市场竞争的过程中，由于 K_1，K_2，α_{12}，α_{21} 的数值不同，可能会产生不同的竞争结果。通过以上分析可知，

只有当 $K_1 < K_2/\alpha_{21}$，且时，两创新种群都不能抑制对方，才能实现竞争平衡状态，两个创新种群就能够稳定地共存。

可见，在产业技术创新生态系统运行中，创新种群为获得竞争优势，占据更高生态位，应提高自身种群的自然增长率，但由于任何种群都无法达到自然增长的极限，所以，只有当两个创新种群的竞争强度均较小时，种群才能共存，否则在竞争强度和种群规模中具有优势的种群能够在竞争中获胜，而处于劣势的创新种群可寻求与其他创新种群的合作来避免在竞争中被淘汰。

3.1.2.2 创新种群合作模型

在生态学中，共生（commensalism）是指两种不同生物之间所形成的紧密互利关系，在共生关系中，一方为另一方提供有利于生存的帮助，同时也获得对方的帮助[144]。与自然生态系统存在共生一样，产业技术创新生态系统的创新种群间也存在共生关系，这种关系表现的形式即为合作。在产业技术创新生态系统的运行和发展过程中，创新种群间通过合作可以减低创新成本和风险，提高创新的成功率和收益率，通过合作创新种群能够表现出更好的竞争能力和适应能力。

与 Lotka-Volterra 竞争方程类似，产业技术创新生态系统中种群间的合作关系可以通过改变相互作用项的符号来表示：

$$\frac{\mathrm{d}N_1}{dt} = r_1 \bullet N_1 \frac{(K_1 - N_1 + \beta_{12}N_2)}{K_1} \tag{3-3}$$

$$\frac{\mathrm{d}N_2}{dt} = r_2 \bullet N_2 \frac{(K_2 - N_2 + \beta_{21}N_1)}{K_2} \tag{3-4}$$

其中 β_{12}，β_{21} 代表共生强度。当式（3-7）和方程（3-8）等于 0 时，能

够实现创新种群的稳定平衡状态，此时稳定点的坐标为 $N_1^* = \dfrac{K_1 + \beta_{12}K_2}{1 - \beta_{12}\beta_{21}}$，

$N_2^* = \dfrac{K_2 + \beta_{21}K_1}{1 - \beta_{12}\beta_{21}}$。

当 $\beta_{12} < 1$，且 $\beta_{21} > 1$ 时，两个创新种群合作共生的条件是 $1/\beta_{12} > \beta_{21}$，也即 $\beta_{12}\beta_{21} < 1$；当 $\beta_{12} > 1$，且 $\beta_{21} < 1$ 时，两个创新种群合作共生的条件是 $1/\beta_{12} > \beta_{21}$，也即 $\beta_{12}\beta_{21} < 1$；这两种情况都是创新种群的合作共生能力相差悬殊的情况，受合作共生作用强的一方能够快速的发展起来，并可能大幅度的超过自然增长的极限，而受共生作用弱的种群其发展变化较小。

当 $\beta_{12} < 1$，且 $\beta_{21} < 1$ 时，两个创新种群间的合作共生能力相当，创新种群都愿意积极地形成共生关系，这种共生关系也相对稳定。且这种共生作用能够对两个种群均产生积极的影响，在共生关系形成和发展过程中，能够形成稳定的平衡点，两个创新种群共同发展。

当 $\beta_{12} > 1$，且 $\beta_{21} > 1$ 时 $(s_1^{''}, s_2^{''})$，两个创新种群的共生能力都过强，无法形成一个稳定的均衡点，不能形成合作关系。

可见，在产业技术创新生态系统运行中，在技术或市场等方面处于弱势的创新种群应努力寻求具有超强控制力或垄断能力的创新种群，以依附的方式进行合作，才能不断积累利润、技术和经验，并不断扩大规模；在某一方面具有独特优势的创新种群应寻求与自身共生能力相当的创新种群进行合作，通过资源整合、优势互补等方式，实现两个创新种群的双赢。

3.1.2.3　竞争与合作关系转化

产业技术创新生态系统运行中，不同创新种群之间的关系是竞争或是共生主要受竞争或共生系数的影响，而竞争或共生系数受多种因素的影响，其中主要的因素是市场竞争强度，创新主体的数量、技术特性、主营业务的差异性等，还有上下游创新主体间的创新产品的产量、质量、种类及财

务和管理等方面的相互依赖情况，此外创新政策和创新市场需要等因素也会影响创新主体间的竞争或共生系数。这些影响因素间并不彼此独立，也存在着相互影响、相互联系的关系，如主营业务相似的创新主体数量越多市场竞争强度就越激烈，政府创新政策会影响创新主体间的相互依赖程度等，所以，在产业技术创新生态系统中，创新主体间的竞争或合作关系并不是一成不变的，而且竞争与合作通常是并存的，不存在完全的竞争，竞争与合作在不同影响因素的作用下通常都是相互转化的。竞争是推动产业技术创新生态系统创新发展的动力，而合作是这种创新发展实现的途径。创新种群间的竞争使种群更加了解了市场需求和自身的优势，促进了差异化和创新产品的生产，同时，也更加了解其他种群的优势。创新种群通过不同方式实现创新合作，能够充分利用优势互补，实现共赢。

3.1.3　创新收益分配机制

所谓收益分配，就是通过合作所获得的共同利益在所有参与者间进行的分配和分割。合作是收益分配的前提条件，分配是合作的最终目标[145]。在产业技术创新生态系统中，创新收益分配是将一定时期内，由于创新主体间开展创新合作所创造和实现的收益按照一定的原则在和合作企业之间进行分配和分割的过程。

产业技术创新生态系统内的创新收益分配过程是各创新主体间的博弈（Game）过程。博弈论（Game Theory）主要研究决策主体的行为发生直接相互作用时候的决策以及这种决策的均衡问题，是分析创新主体间创新收益分配问题的基本理论。根据博弈是否可以达成具有约束力的协议分为合作博弈和非合作博弈，合作博弈研究达成合作时如何分配合作得到的收益，采取的是一种合作的方式，强调的团体理性；非合作博弈是研究在利益相互影响的局势中如何选决策使自身的收益最大，即策略选择问题[146]。根据产业技术创新系统创新收益分配的内涵，本书基于合作博弈的理论和方法分析系统内创新收益分配问题。

在产业技术创新生态系统中，各创新主体通过合作方式进行创新活动产生创新收益分配时，如果事先可以达成有约束力的承诺或合约，使用合作博弈方法只关注合作的结果，无须讨价还价，本书不作讨论；如果事先无法达成有约束力的承诺或者合约，就需通过谈判方式来分配创新收益，在这种合作博弈中纳什（Nash）的谈判模型最具有代表性。

纳什在 1951 年研究两人合作对策解问题时指出：任何一个具有纯策略的两人对策至少存在一对均衡策略。这意味着在双边谈判中，如果谈判双方决定合作，就一定存在谈判解。在合作对策中，把所有的效用对集合记为 E，若存在两个效用对：$s^{'} = (s_1^{'}, s_2^{'}) \in E$，$s^{''} = (s_1^{''}, s_2^{''}) \in E$，且 $s_1^{'} \geq s_1^{''}, s_2^{'} \geq s_2^{''}$，则称 $s^{'}$ 优超 $s^{''}$，记为 $s^{'} \geq s^{''}$；在对策中若效用对 $s_1^{''}, s_2^{''}$ 没有被优超，则称之为帕累托最优。参加谈判的各方总是希望己方的分配值尽可能大，因此会对帕累托最优集中的效用对感兴趣，而对那些被优超的效用对一般不予采用。在帕累托最优集上，不可同时改进双方的分配值，一方的分配值增加，另一方的效用必然会减少，这里称为有效边界。纳什指出合作的起点不要求是最小值，而是效用对集合中的某一对效用值 (s_0, s_t)，称之为现状点，也称为冲突点。纳什通过分析证明，认为谈判的唯一理性解 $S = (s_1, s_t)$ 应满足 $(s_1, s_t) \in R$（R 为可行集），$s_1 \geq s_0, t_1 \geq t_0$，即应优于冲突点，且使 $(s_1 - s_0)(t_1 \geq t_0)$ 的值最大[146-147]。

在产业技术创新生态系统中，假设参与合作创新活动有 n 个创新主体，记 $I = \{1, 2, ..., n\}$ 为全部创新主体的集合，总的合作创新收益为 $v(I)$，S_i 为第 i 个创新主体的效用函数，谈判的起点为 $e = \{e_1, e_2, ..., e_n,\}$，$e$ 为现状点，也是谈判破裂时的冲突点，代表各创新主体所愿意接受的创新收益分配的下界值$^{[148]}$。$v(i)$ 为第 i 个创新主体独自创新时的收益，那么在合作创新中，针对 n 个创新主体有：$\sum_{i=1}^{n} u_i = v(I)$，且 $u_i \geqslant v(i)$。说明各创新主体能够分配到的利益和正好是总的最大收益，而参与合作创新的各创新主体分配的利益不小于独自创新的收益，即分配必须使每个人都从合作中得到好处，否则合作将不存在。此时有 $e = \{e_1, e_2, ..., e_n,\} = \{v_1, v_2, ..., v_n,\}$。那么谈判的理性解即为式（3-5）规划问题的最优解：

$$Max \prod_{i=1}^{n} (s_i(u_i) - s_i(e_i))$$

$$s.t. \begin{cases} \sum_{i=1}^{n} u_i = v(I) \\ u_i \geqslant e_i \end{cases} \qquad (3\text{-}5)$$

假设通过动态规划解出式（4 − 5）的最优解为 $U = (u_1, u_2, ..., u_n)$，则 $U = (u_1, u_2, ..., u_n)$ 即为最优谈判解，第 i 个创新主体分得的创新收益为 u_i，此时该创新收益分配方案为参与合作创新的每个创新主体均可接受的方案。

可见，在产业技术创新生态系统创新收益分配中，虽然需要通过签订合约或进行谈判等方式进行创新收益分配，但贡献与收益相匹配、风险与利润相匹配是基本原则，所以创新能力越强的创新主体也会分配到与之相应的利益。要保证不同创新主体间合作创新的顺利开展，必须保证创新主体加入合作后获取的利益要大于不参与合作的利益，否则创新主体就会选择不参与合作。如果创新收益分配体现不出创新主体对合作创新的贡献和努力程度，就可能出现机会主义，破坏合作的顺利开展。只有双赢才能保障合作双方共同发展，无原则的侵占其他创新主体应得的利益，会损坏合作关系的融洽，最终会使合作关系破裂。因此，创新主体为获得更多的创新收益，必须致力于提高其技术创新能力，创新主体在合作创新过程中贡献越大，才能在创新成功后相应的获取更多创新收益，否则将会损害合作伙伴的积极性。

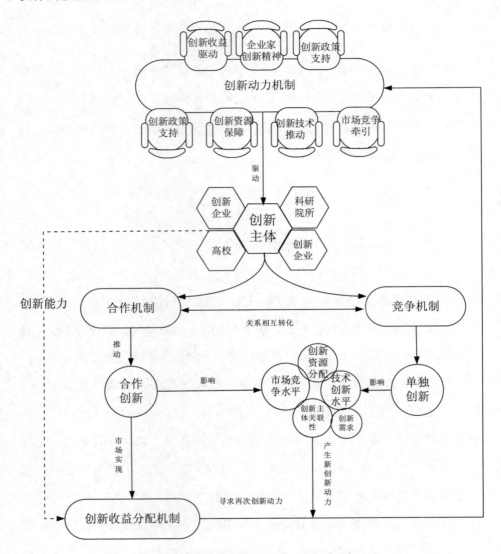

图 3.3　产业技术创新生态系统运行机制

Fig.3.3 The Operation of Industrial Technological Innovation Ecosystem

3.1.4　三大运行机制的关系

产业技术创新生态系统的运行是个连续过程，各个环节相互融合，紧密联系在一起。系统不同创新主体发挥着各自的特长和优势，在创新动力机制、竞争与合作机制、创新收益分配机制的共同作用下实现系统的整体运行。在产业技术创新生态系统运行中，三大运行机制发挥着不同的作用，却又彼此联系、相互作用，其关系见图 3.1。

产业技术创新生态系统在运行中，不同的创新主体会在创新动力的驱动下，根据自身特征和优势来选择通过合作创新或是单独创新来进行技术创新活动。然而，无论选择哪一种创新方式都会对系统运行产生不同程度的影响，如促使创新资源重新分配、改变市场竞争格局、提高技术创新水平、增强新的创新产品需求等，这些影响也正是新的创新动力产生的源泉。

创新动力机制促使产业技术创新生态系统产生强劲的发展力，驱动系统内的创新主体主动或被动的寻找合作伙伴进行技术创新活动。科学的合作与竞争机制是产业技术创新生态系统高效运作的保证，恰当的合作模式可以保障合理的创新收益分配，流畅的合作流程可以提高成员间的合作效率，促进成员间相互学习，增加系统成员间的相互信任度；良性的竞争机制可以促使创新主体发掘自身不足，提高技术创新水平。合理的创新收益分配机制是产业技术创新生态系统顺利发展的纽带，是系统成员加强合作的动力，也是创新主体产生新的创新动力的来源之一，创新收益分配是否合理，直接影响着产业业技术创新生态系统成员合作的长期性和稳定性。

3.2 产业技术创新生态系统运行关键要素筛选

3.2.1 关键要素初选

在产业技术创新生态系统的研究中，虽然不同学者、专家会有各种不同的观点，但可以通过分析、整理、调研等方式进行归纳总结，从而找出影响产业技术创新生态系统运行的关键要素。通过上文对产业技术创新生态系统创新动力机制、竞争与合作机制和创新收益分配机制的研究，采用专家访谈法进行分析和整理，将影响产业技术创新生态系统运行的关键要素归纳如表 3.1。

创新动力机制运行中的关键要素即为产业技术创新生态系统创新动力要素，共为 7 项。

竞争与合作机制运行中的关键要素除包括市场竞争强度外，还包括创新主体多样化和创新主体关联度，共 3 项。创新主体多样化主要体现在创新产品、创新环境等方面，如果系统内的创新主体在这些方面差异很大，各自具有独特的优势，那么就很难形成竞争，而易于形成合作关系。创新主体关联度主要体现在上下游创新主体在产品和技术等方面的依赖关系，如果系统内系统内的创新主体在这些方面相互依赖程度高，也易于形成稳定的合作关系。

表3.1　产业技术创新生态系统运行关键要素

Tab.3.1　Key Factors of Industrial Technology Innovation Ecosystem

序号	运行机制	关键要素
1	创新动力机制	企业家创新精神
2		创新收益的驱动
3		创新需求拉动
4		创新政策支持
5		创新资源保障
6		创新技术推动
7		市场竞争牵引
8	竞争与合作机制	市场竞争强度
9		创新主体多样化
10		创新主体关联度
11	创新收益分配机制	关键种企业创新能力

创新收益分配机制运行中的关键要素为关键种企业的创新能力。关键种企业这一概念源自于生态系统中的关键种。在生态学的研究中，人们发现在某些生物群落中，实际上只有少数几个物种的调控决定着群落结构的稳定以及物种间平衡的维持。因此学者们认为群落或生态系统中物种之间的相互作用强度是不同的，那些作用关键的物种决定生物群落稳定性、物种多样性和许多生态过程的持续或改变，这些物种的作用是至关重要的，它们的存在与否会影响到整个生物群落的结构和功能，这样的物种即称为关键种[149]。在产业技术创新生态系统中也存在类似的"关键"物种，"关键种企业"是在企业群落中使用和传输的物质最多、能量流动的规模最为庞大，带动和牵制着其他创新主体的发展，居于中心地位的创新种群。这种创新种群往往决定着整个创新系统群落的形成与完善，它并不一定是规模最大的企业，但它必须是从全局角度具有无可替代的功能、结构效用的创新主体，对于产业技术创新生态系统运行起着关键和重要的作用。关键

种企业作为产业技术创新生态系统中居于中心地位的种群，不仅其创新行为会对其他企业产生带动和引导作用，而且其创新能力的强弱决定着在创新收益分配过程获益的多少。

3.2.2 关键要素确认

针对初选出的产业技术创新生态系统运行的 11 项关键要素，本书采用了以德尔菲法（Delphi）为主、专家访谈法为辅的关键要素筛选与补充工作。

德尔菲法即专家打分法，是采用背对背的通信方式征询专家小组成员的预测意见，经过几轮征询，使专家小组的预测意见趋于集中，最后得到预测结论。我国产业技术创新生态系统的研究起步较晚，因此相关理论研究不成熟且争论较多；此外，本研究领域涉及的知识面很广，为避免群体决策的一些可能缺点，充分利用不同专家的经验和学识，本书在本研究阶段采用德尔菲法。本次德尔菲法的主要过程包括：选择专家及设计调查问卷；进行问卷调查；调查结果分析及信息反馈；获得各项要素重要程度的排序，得出最后结论。

作者在全国范围内共发送了 53 份业内专家函询问卷，希望能够在前文分析的关键要素中，进一步筛选出对我国产业技术创新生态系统运行研究有价值的要素。最终回收 43 份，有效问卷 42 份。本次德尔菲法所设计的专家评分问卷采用 likert-5 级量表，最高分 5 分，最低分 1 分。为了防止由于评分问卷过于客观化，本书在该问卷中设计了开放式主观问题请专家自由填写个人意见。专家评分问卷的全部内容参见附录 1。

本次填写问卷的专家全部是技术创新管理领域的研究人员，其中 38 人具有副高以上职称或博士学位，其余为在重要期刊发表本领域相关研究成果的在读博士研究生。他们的工作单位分布在哈尔滨工程大学、哈尔滨工业大学、大连工业大学、中国农业大学、吉林大学、东北大学、中国矿业大学、沈阳工业大学、浙江工业大学、内蒙古大学等高校，还包括中国移动通信集团公司，中国联合网络通信集团有限公司、中国电子科技集团公司、天津通广集团等行业公司。

由于本次德尔菲法是对所提供的关键要素做研究必要性与学术价值（重要程度排序）评判，因此对数据的均值和方差进行分析，见表3.2。

针对表3.2的各项数据，进行如下分析：

第一，分析各项关键要素专家评分问卷结果的样本均值。排在均值前3位的要素分别为：创新收益驱动、关键种企业创新能力、创新技术推动，其中，得分最高的是创新收益驱动，评分均值为4.24分。均值评分最低的是创新主体多样化，分值为3.84分。由于均值反映了某项要素所有取值的集中趋势或平均水平，所以对产业技术创新生态系统运行的影响较小的要素应该是创新主体的多样化程度。

第二，分析各项关键要素专家评分的样本方差情况。由于不同专家对某些要素的认识不同，不同类型对产业技术创新生态系统特征也存在差异，导致专家意见分散，呈现方差较大。从表中可见，按方差良好情况排序，前3项要素依次应为：创新技术推动、创新政策支持、关键种企业创新能力，其中，方差值最小的就对于创新技术推动要素，方差值为0.57。方差值最大的是市场竞争强度，方差值为1.20。

表3.2　产业技术创新生态系统运行关键要素重要程度评分统计表

Tab.3.2　The Key Factors Affecting the Importance Score Statistics of Industrial Technology Innovation Ecosystem

序号	关键要素	评分均值	排序	方差	排序
1	创新收益驱动	4.24	1	0.95	7
2	关键种企业创新能力	4.23	2	0.72	3

续表

序号	关键要素	评分均值	排序	方差	排序
3	创新技术推动	4.22	3	0.57	1
4	创新政策支持	4.16	4	0.58	2
5	创新主体关联度	4.16	5	1.00	9
6	市场竞争牵引	3.99	6	0.82	5
7	创新需求拉动	3.98	7	0.99	8
8	企业家创新精神	3.90	8	0.81	4
9	市场竞争强度	3.89	9	1.20	11
10	创新资源保障	3.86	10	0.94	6
11	创新主体多样化	3.84	11	1.03	10

方差反映出的是某项要素的评分值与平均数偏差平方的平均值，它表示了一组数据分布的离散程度的平均值。方差越大，说明变量之间的差异越大，距离平均数这个"中心"的离散趋势越大，也就是不同专家们对同一项要素的重要程度判断差异较大。通过对以上关键素评分值方差数据分析，可以发现各位专家意见不统一的评分主要体现在以下几项要素方面：市场竞争强度、创新主体多样化、创新主体关联度。

第三，综合考虑均值与方差共同结果。创新主体多样化方差排名为最后，但均值排名良好，为第 6 名，因此该项要素对系统运行的影响也应予以考虑；市场竞争强度的均值排名为第 10 名，方差排名为 10 名。此项较难判断，因此进一步通过专家访谈进行分析。

通过对几位技术创新领域的专家进行访谈，比较一致的意见否定了市场竞争强度的研究可行性，因为在关键要素中的"市场竞争牵引"能够在很大程度上反映出系统内各成员间的竞争情况，因此最终将市场竞争强度这一要素淘汰。

第四，在开放式主观问题的回答中，专家们建议最多的是补充"领导创新意识"作为要素之一。专家的意见认为，结合我国国情，产业技术创新生态系统是一个新生事物，其运行和发展与同领导的观念、素质、能力、水平联系紧密，本书采纳了专家建议把"领导创新意识"补充为产业技术创新生态系统运行的关键要素之一。

3.3　影响产业技术创新生态系统运行关键要素分析

通过上文问卷调查及专家访谈等环节的分析研究，本书确定了产业技术创新生态系统运行的 11 项关键要素。生态学的原理提示，任何一个生态系统都具有一定的结构和功能，都是按照一定的规律进行物质、能量和信息的变换，任何一个因素发生变化，都会引起其他因素发生相应的变化，从而推动生态系统的不断发展。耗散论的观点也认为，在系统的整个环境中，各个子系统间及构成系统的各要素中存在着相互影响而又相互合作的关系，系统部分要素的作用能够激发或补充其他要素潜在的能力发挥，从而形成非线性相互作用，这种作用使得系统内各要素之间产生协同作用和相干效应，从而使得系统从无序状态向有序状态转变，促成管理目标最终实现[150]。产业技术创新生态系统运行是由各种力量的集合推动的，并不是单一要素作用的结果。维持系统运行的各项要素间相互作用、相互激发，系统内部各子系统或构成要素之间同向合作、相互配合，产生互补效应而使系统功能放大，形成巨涨落，进而促使产业技术创新生态系统向有序状态转化，实现系统的稳定运行。

产业技术创新生态系统作为一个复杂系统，同时具有经济系统和生态系统的双重属性，因此研究其系统运行应从系统、经济系统和生态系统三个角度进行分析。

（1）从系统的角度看，首先，系统运行与构成系统的要素数量及其种类的多少有关，要素种类越多，数量和行为差异越大，则系统的变数和不确定性也越大，从而不稳定因素就越多；其次，系统运行状况与要素或子系统相互间关联程度及相互的作用机制有关，如健康持续的合作关系促进系统趋于稳定；最后，它与系统的开放度及外在环境的稳定性有关，环境的扰动也会带动系统产生波动[151]。

（2）从生态系统的角度看，生态系统以链接为特征，通过链接实现物质与能量的流动，因此决定系统运行的主要内部变量是链接结构的优劣与链接能力的强弱，主要外部变量是来自系统外的物种干扰与环境变化的强弱。

（3）从经济系统的角度看，决定经济系统运行的主要内部变量是资金保障、技术支持等因素，主要外部变量是市场竞争强度、市场需求变化等条件的改变。与生态系统相比，经济系统的开放度更高，所以经济系统运行状况与外部要素关联的可能性更大。

通过从系统、生态系统和经济系统这三个角度的分析，结合产业技术创新生态系统构成要素的特征，综合考虑上文确定的 11 项关键要素的功能及分布规律，可以发现这些要素对产业技术创新生态系统运行状况的影响基本上分布于结构、技术与外部三个维度上。因此，本书从三个维度分别分析各项要素对产业技术创新生态系统运行的影响。

3.3.1 结构维度上的要素分析

在结构维度上，分布着创新主体关联度、企业家创新精神、创新主体多样化和领导创新意识 4 项要素。这个维度体现了产业技术创新生态系统具有的"链接"特性，尤其体现在链接结构与链接能力两个方面：创新主体多样化体现了链接结构；领导创意意识体现链接能力；而企业家创新精神、创新主体关联度同时体现链接结构与链接能力。在这个维度上反映了产业技术创新生态系统的生态系统特征。

（1）创新主体关联度

创新主体间的关联会在系统内产生非线性相互作用。在产业技术创新生态系统运行中，随着通信技术和网络技术的发展，各创新主体逐渐放弃不具优势的产品生产，转而将各项资源专注于企业核心创新产品或服务，促进社会化分工不断深入及细化，上下游企业之间非线性相互作用不断增强，相互依赖程度不断提高。这种相互依赖度的提高，一方面使得上游企业提供创新的原料产量、质量直接影响下游企业产品的产量和质量状况，另一方面又会促进彼此间的信息共享、相互合作，进而有利于推进创新技术的发展，有利于实现创新资源的合理配置。因此，创新主体间相互关联度越高，非线性作用就越强烈，越有利于产业技术创新生态系统向有序转化。

（2）企业家创新精神

企业家的创新精神会促使系统形成涨落。产业技术创新生态系统运行中，企业家创新精神是指导企业开展技术创新活动的前提，具有强烈创新精神的企业家不满足于企业现有的技术现状，其对创新的渴望、对科学技术与发明的感知能力、对新技术的投资力度，决定了企业技术创新的程度和水平。尤其在生产水平相对较低的情况下，企业家个人的创新意识和行为对技术创新的影响尤为显著。随着生产力水平提高，生产集中度的日益增强，虽然企业家个人活动对技术创新的影响有所减弱，但是企业家团队的活动对技术创新的影响却日益增强。因此，在产业技术创新生态系统中，企业家的创新意识和行为越强烈，越易形成涨落，也越有利于创新活动的开展，越有利于产业技术创新生态系统向有序转化。

（3）创新主体多样化

创新主体多样化会推动产业技术创新生态系统远离平衡态。从生态系统多样性可以来类比产业技术创新生态系统内创新主体的多样化，生态系统多样性主要体现在生物圈内生境类型的多样性、空间结构和营养结构的复杂程度、物种类型和种群的数量多方面。相类似的，在产业技术创新生态系统中，创新主体的多样化主要体现在创新主体在产业分布的差异性、相同产业内成员主营业务的差异性、成员之间进行循环的物质的差异性等的复杂程度以及经营环境多样性，还体现在技术创新水平、企业家创新精神等方面，而这些差异正有利于不同创新主体间形成合作关系。因此，创新主体的多样化程度越高，个体间的差异性就越大，系统距离平衡态就越远。

（4）领导创新意识

领导创新意识会促使产业技术创新生态系统形成涨落。领导因素在我国现阶段的产业发展中具有重要的作用，符合我国的国情，是不容忽视的影响要素。由于产业技术创新生态系统是个新的概念，领导对于这一概念的理解支持，以及在系统运行中对各构成部分间的协调沟通能力对于系统的稳定运行起重要作用。在产业技术创新生态系统运行中，领导创新意识的作用体现在多个方面：如对创新活动发展目标和市场战略的策划方面，对创新资源的发掘和有效配置方面，对创新人才的识别、招募、培训、激励和使用方面，对创新产品市场开拓的策划方面，对创新工作的协调和组织能力等方面。因此，内部领导因素创新意识越积极，越易在系统运行中形成涨落，会推动产业技术创新生态系统向有序转化。

3.3.2 技术维度上的要素分析

在技术维度上，分布着关键种企业创新能力、创新技术推动、创新资源保障3项要素。这个维度体现了产业技术创新生态系统是基于产业技术而形成的系统，技术决定了产业技术创新生态系统中创新主体的生存能力。在这个维度上反映了产业技术创新生态系统的经济系统特征。

（1）关键种企业创新能力

关键种企业的创新能力与系统内其他关键要素间存在非线性相互作用，能够推动系统形成涨落。在产业技术创新生态系统中，关键种企业的创新能力对系统的运行起着至关重要的作用，关键种企业可能是系统内一个或几个垄断企业，与系统内其他配套创新主体形成合作关系。配套企业为垄断的创新种群提供配套技术和服务，其存亡完全取决于关键种企业的创新需求。关键种企业也可能是系统的大型创新企业，在系统中处于领导地位，主导着与其他中小企业的合作。关键种企业在产业技术创新生态系统中凭借出色的能力，能够策动、主导、甚至控制着整个群落系统内企业间的物质和能量的交换活动。然而，关键种企业的作用大小很大程度上受企业家创新精神和领导创新意识、领导管理理念等因素影响，而且会受制于系统内创新主体间的关系程度。可见，关键种企业的创新能力与系统内多种关键要素间存在非线性作用，对于系统创新活动的进行起着重要作用，能够推动系统向有序状态转化。

（2）创新技术推动

创新技术的发展会在系统内形成涨落。在产业技术创新生态系统内，创新技术的发展为系统内创新主体的技术创新活动提供了一个新的平台，使创新主体可以在更高的技术层次上进行技术创新，在系统内形成涨落。系统内实力强大的创新主体积极从事创新技术的研究，积极地进行科技创新活动，当这种创新研究取得成功时，该创新主体就在竞争中抢占了先机，将带动系统内其他创新主体开展与此创新成果相关的创新活动。产业技术创新生态系统内的创新主体进行新产品和新技术的研发，离不开专业的技术人员、充足的资金、先进的信息等创新资源的获取。同时，专业、稀缺、优质的创新资源的有效配置也是创新技术发展的保障，也能够促进创新技术水平的提升、创新活动的开展。由此可见，创新技术的进步及升级能够在系统内形成涨落，促进和支持产业技术创新生态系统向有序转化。

（3）创新资源保障

创新资源的流动保障了产业技术创新生态系统的开放性。任何技术创新活动都需要足够的创新资源作基础，这些创新资源不仅在系统内的不同创新主体间流动，也会促使系统与外部环境间进行物质、能量、信息等的交换，从而使系统产生负熵流。创新人才、资金和信息的获得是产业技术创新生态系统进行技术创新的重要动力和保障。高校、科研机构为企业输送了大量的具有专业技术素养的人才，推动了产业技术创新生态系统的持续发展，而产学研的合作也促进了人才的流动和知识的共享。政府、企业和金融机构对创新资金的投入保障了技术创新活动的展开。这些资源在系统内外间的流动不断地为系统内的创新主体吸取能量，推动了产业技术创新生态系统内的创新主体及时进行技术创新活动。可见，产业技术创新生态系统在运行中的创新资源流动能保持系统始终处于开放状态，为系统进入有序的耗散结构状态提供条件。

3.3.3 外部维度上的要素分析

在外部维度上，分布着创新收益驱动、创新政策支持、创新需求拉动和市场竞争牵引4项要素。这个维度体现了产业技术创新生态系统具有经济系统特征，创新政策、市场竞争等作为外部力量将影响系统的运行，成为产业技术创新生态系统生存和发展的促进或阻碍力量。在这个维度上反映了产业技术创新生态系统具有经济系统和生态系统的双重特征。

（1）创新收益驱动

对利润的追求是企业最主要的创新动力，与系统内其他要素间存在着非线性相互作用，可在系统内形成涨落。在产业技术创新生态系统内，处于同一层面的大多数企业的产品具有相似性，企业为获得超额利润就会通过创新技术的研发、创新产品的生产来寻求垄断。当某企业成为某创新产品的唯一或少数的供给者时，就可以根据自己的利益来决定价格。创新产品或技术与原产品或技术的差异越大，替代性越低，企业通过差异化形成壁垒的可能性就越强，获得创新利益的可能性就越高。创新收益驱动与创新市场需求拉动和市场竞争密切相关，一旦创新主体的技术创新，产品在满足了市场的需求，那么必然能获得较好的创新收益，也能在竞争中占据优势；而在获得良好的创新效益后，创新主体才有能力获得更好的创新资源，从而进一步的开展创新活动，满足更高的市场创新需求，并在市场竞争中占据优势。可见，创新收益的驱动能够促进产业技术创新生态系统中不同要素间形成非线性相互作用，多种要素协同作用，不断的推进系统向着有序转化。

（2）创新政策支持

政府的创新政策变动是一种涨落。在产业技术创新系统运行中，创新政策是一个重要的调节力。当市场机制不能发挥良好作用时，为了加速产业技术创新生态系统内技术创新的进程，需要政府的政策导向和宏观调控，形成作用于系统内创新主体和市场之间的激励力量。从政府支持的角度来说，一方面，当单个创新主体无法承担技术创新的成本和风险时，能够获政府的支持会促进技术创新开展；另一方面，企业应以国家颁布的有关政策、法规、条例为依据，结合系统的具体情况，制定适宜的经营管理条例，利用这种强制性的正式制度管理创新人员的行为、安排创新活动。创新政策可以引导创新资源的集聚与扩散、促进创新技术的交流、缓解创新产品市场的竞争压力。因此，在产业技术创新生态系统运行过程中，政府创新政策的变动是一种涨落，有可能在一定条件下形成巨涨落，从而使系统形成新的有序稳定状态。

（3）创新需求拉动

市场的创新需求变动也是一种涨落，会促使系统中不同要素形成非线性相互作用。在产业技术创新生态系统运行中，市场是技术创新得以实现的最终场所，用户种群对于创新产品特性的需求变化也是技术创新活动的动力源泉。一方面，创新市场需求随着经济和社会的发展而不断变化，就会为创新主体提供了新的市场机会，刺激创新主体以此为导向开展技术创新活动；另一方面创新市场需求也威胁着创新主体的生存，企业个体为了生存和创新利益，就必须能生产出符合创新市场需要的产品。创新市场需求与创新政策的引导有密切的关系，政府常常通过制定相关的政策来改变需求结构。此外，市场需求拉动与市场竞争牵引通常是同时存在的，能够满足市场需求的技术和创新产品，必然能够在竞争中胜出。创新市场需求在拉动企业进行技术创新的同时，也带动了与之有技术合作关系的高校、科研院所等基于市场需求导向的协同创新，从而形成非线性相互作用，共同促进产业技术创新生态系统的整体创新。

（4）市场竞争牵引

市场竞争的变化也是一种涨落。在产业技术创新生态系统运行中，市场竞争的激烈程度影响着创新主体的技术创新行为，由于处于同一层面的大多数企业的产品具有相似性，因此企业之间通常通过创新，来节约生产成本，提高产品质量和产品差异化。因此，当产业技术创新生态系统内的某个创新企业出现创新滞后时，该企业就随时面临被产业技术创新生态系统淘汰的危险，其在系统内的位置将被更有竞争力的企业所代替。市场竞争越激烈，创新企业越是难以满足创新市场需求，因此也容易受系统外部收益的吸引，转投别的行业；然而如果能够获得的政府的创新政策积极引导，就可促进创新企业积极从事创新活动。因此，产业技术创新生态系统中的市场竞争会激励企业不断进行技术创新，以形成系统内的涨落，这种涨落在系统中不同要素的非线性作用下会形成巨涨落。可见，市场竞争会牵引产业技术创新生态系统向稳定有序方向运行。

3.4　产业技术创新生态系统运行关键要素结构模型

根据上文的分析可绘制产业技术创新生态系统运行关键要素的结构模型图（见图 3.4）。在图 3.4 中，内层深色椭圆区域表示产业技术创新生态系统运行内部要素维度，共分布着结构维度和技术维度的 7 项要素，外层椭圆区域表示产业技术创新生态系统运行的外部要素维度，分布着外部维度的 4 项要素。

由耗散结构理论可知，开放的产业技术创新生态系统远离平衡状态时，系统要素的微小涨落就会通过系统中产生的非线性作用而发展成为巨涨落，系统中的这些非线性相互作用既能阻止偏离均匀定态的系统回归稳定运行状态，又能确保系统趋向一个新的稳定运行状态，而不会无限发散。产业技术创新生态系统运行中的 11 项关键要素主要分布在结构、技术与外部三个维度上，这 11 项要素随时间和条件等的不同，呈现出不同的相互作用方式和不同的效应，这些要素间的相互依存、相互激发、协同作用产生非线性相互作用，这种非线性相互作用为有利于技术创新的微小涨落放大为巨涨落提供了可能，从而使产业技术创新生态系统不断得到进化和发展。可见，这 11 项关键要素间的相互作用及其对系统运行发展的影响共同决定着产业技术创新生态系统能否向有序的稳定状态转化。

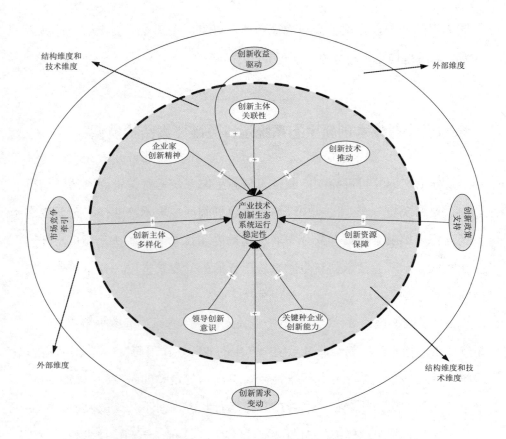

图 3.4　产业技术创新生态系统运行关键要素结构模型

Fig.3.4 Structure Model of Factors Influencing the Industrial Technology Innovation Ecosystem

3.5　本章小结

本章研究了产业技术创新生态系统运行的关键要素。首先，对产业技术创新生态系统的运行机制进行分析，分别论述了创新动力机制、竞争与合作机制和创新收益分配机制的运行原理，并分析了三大运行机制的关系。其次，对产业技术创新生态系统三大运行机制中关键要素进行分析，通过德尔菲法和专家访谈法筛选出 11 项主要的关键要素。最后，基于耗散结构论，分别从产业技术创新生态系统的结构、技术、外部三个维度对系统运行的关键要素进行分析，并构建了产业技术创新生态系统运行关键要素结构模型。

第4章　产业技术创新生态系统运行评价模型研究

从上文分析可知，产业技术创新生态系统的运行是在三大运行机制相互作用共同推动下进行的，系统中各项要素协同作用共同决定着产业技术创新生态系统的运行。对产业技术创新生态系统运行状况进行评价，能够分析出不同要素对系统运行的影响程度，可以为政府产业政策的制定和企业家调整经营管理方针提供有力依据。因此，本章着重从评价指标体系的构建、评价方法的计算原理等方面，探讨产业技术创新生态系统运行评价模型的构建，为后文的实证研究提供理论基础。

4.1　产业技术创新生态系统运行评价模型构建思路

围绕上一章中产业技术创新生态系统运行关键要素的结构模型，针对结构、外部、技术三个维度内所包含各项要素展开统计学研究。研究的基本思路是：开展统计调查，采用测量问卷对关键要素的体现进行测量和研究，通过统计学分析，得到评价系统运行的科学评价指标体系，进而根据指标体系的特征选取适当的评价方法。

构建评价模型的各步骤如图4.1所示。

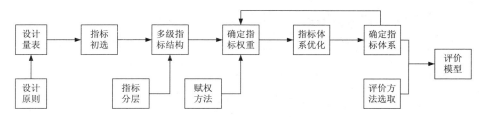

图 4.1　产业技术创新生态系统评价模型构建步骤

Fig.4.1 Step of Building the Industrial Technology Innovation Ecosystem Evoluation Model

4.2　产业技术创新生态系统运行评价指标体系的构建原则

由于产业技术创新生态系统的运行受众多要素影响，因此可以推断能够用来评价产业技术创新生态系统运行的评价指标必然众多。为了能准确高效的进行评价，在设计产业技术创新生态系统运行评价指标体系时，应遵循完备性、科学性和层次性的原则。

（1）完备性原则

评价指标体系作为一个有机整体，应能全面地反映和测度产业技术创新生态系统运行的各个方面，在初步建立指标体系时应该尽可能多地选取可以概括反映被评价系统各个层面基本特征的评价指标，以便最终确定指标体系时有筛选的余地。这些指标既要有结构维度、技术维度和外部维度的要素指标，又要有反映生产者、消费者和分解者等生态系统特征的指标，还要有反映上下游企业技术能力、市场竞争等经济系统特征的指标。

（2）科学性原则

评价指标体系要建立在科学的基础上，能够充分反映产业技术创新生态系统的运行机制。指标概念必须明确，测算方法标准，统计计算方法规范，具体指标能够度量和反映系统运行的特征。为保证指标结构整体的合理性，应从不同侧面设计若干反映产业技术创新生态系统运行状况的指标，尽可能选择具有足够代表性的综合指标和专业指标，以便比较准确、简洁的表述产业技术创新生态系统的状况。

（3）层次性原则

评价指标体系所选的指标应具有一定的层次性，且应尽量避免指标间信息量的重复，尽可能选择那些有代表性的综合指标和主要指标，不同指标间应具有相对独立性。同时，选取指标不能简单堆积，指标间应当具有一定的内在技术、经济联系，这样才能更好地反映层次性的原则。

4.3 产业技术创新生态系统运行评价指标的选取

由于国内外文献没有本书研究所需的成熟量表，因此调查问卷需要自行设计。通过进一步的文献研究和理论分析，参考国内外其他相近研究的成熟量表与相关研究成果，本书在结构、技术和外部三个维度上对产业技术创新生态系统运行的 11 项关键因素从内涵和外延上进行扩展、细化，从而将名义变量转换为可进行研究的操作变量，最终形成要素量表。

4.3.1 结构维度上的要素量表设计

（1）创新主体关联性

在产业技术创新生态系统中，上下游企业的产品数量、质量、种类及特征等均会产生相互影响。因此，调查问卷中，关于创新主体间关联程度对产业技术创新生态系统运行的影响应包括以下几个方面：上下游创新主体间创新产品产量和质量方面的依赖程度，创新产品的种类和特性方面的相互依赖程度，财务管理方面的相互依赖程度，企业管理方面的相关依赖程度。

（2）企业家创新精神

在产业技术创新生态系统中，富有创新精神的企业家不满足于企业现有的技术现状，其对创新的渴望、对科学技术与发明的感知、对新技术的投资力度，决定了企业技术创新的程度和水平。因此，本书认为，在调查问卷中，关于企业家创新精神对产业技术创新生态系统运行的影响应包括以下几个方面：企业家创新欲望情况，投资创新产品意愿情况，对创新技术和发明的感知能力，面对不确定性的应对能力，对创新主体创新行为的执行情况[97]。

（3）创新主体多样化

对于产业技术创新生态系统来说，创新主体的多样性主要体现在成员产业分布的差异性、相同产业内成员主营业务的差异性、成员经营环境多样性。因此，在调查问卷中，关于成员的多样化对于系统稳定运行的影响设置问题应包括：创新主体在一、二、三产业的分布情况，相同产业内的创新主体在主营业务上的差异情况，创新主体所处的经营环境相似性情况。

（4）领导创新意识

在产业技术创新生态系统中，领导创新意识反映多个方面，比如对发展目标和市场战略的选择，对人才、物质等创新资源的使用和配置等方面。因此，在调查问卷中，关于领导创新意识对产业技术创新生态系统运行的影响应设置问题包括：企业领导对创新活动的重视程度，对创新资源的使用及配置情况，主管创新工作领导的变更情况。

4.3.2　技术维度上的要素量表设计

（1）关键种企业创新能力

产业技术创新生态系统的中的关键种企业通常是在竞争合作逐步取代

对抗性竞争的背景下形成的，其进行创新技术研发、开展创新活动的情况会对系统内的其他创新主体产生一定的辐射作用。参照对企业的能力评价的一般角度，结合产业技术创新生态系统的生态性，调查问卷中对关键种企业创新能力的评价应从其数量、规模、生产能力及对创新市场需求变化应对能力等方面展开。

（2）创新技术推动

在产业技术创新生态系统中，技术创新行为是维护系统稳定和发展的重要因素，技术创新在机构设置、产品技术水平、创新效率等多个方面影响系统运行。因此，在调查问卷中，关于创新技术对产业技术创新生态系统运行的影响应设置问题包括：创新主体开发新产品或服务的情况，创新主体设置专门研发机构进行创新活动情况，创新产品技术含量情况，创新产品的投入产出率，创新主体使用新技术时与原技术的融合程度，创新技术储备情况。

（3）创新资源保障

产业技术创新生态系统为维持稳定运行就必有相关的创新资源保障，包括人才、技术、资金、原材料等。因此，在调查问卷中，关于创新资源保障方面设置问题应包括：创新主体内专业技术人员充足情况，获得创新研发资金的情况，获得技术创新活动所需的物质资源情况，创新活动所需的技术和知识情况。

4.3.3　外部维度上的要素量表设计

（1）创新收益驱动

产业技术创新生态系统内部的创新主体出于对利润的追求从事创新活动，体现在创新主体在市场竞争中所处的地位，创新产品的投资回报率等方面。因此，调查问卷中，创新收益驱动方面问题设置应包括：创新主体在同行业市场竞争中的状况，现有创新产品的利润回报情况，开发新一代创新产品的投资回报预测情况。

（2）创新政策支持

从政府支持的角度来说，积极的政策引导对于一个产业的建设与保护是十分重要的。调查问卷中，关于创新政策支持方面问题设置应包括以下几个方面：本地政府对产业技术创新生态系统的倡导状况，设置专门部门对于指导和推动该系统发展的情况，政府关于创新主体对相关政策、法规方面需求的回应情况，政府采购创新产品的情况，政府对于创新主体出售新产品的导购及推荐情况。

（3）创新需求拉动

对于产业技术创新生态系统来说，市场需求的变化主要是由最终消费者的偏好决定的。因此，调查问卷中，创新需求拉动方面设置问题应包括以下几个方面：消费者对创新主体提供产品的新需求情况，创新主体对消费者关于创新产品的反馈回应情况，创新主体对行业的创新产品前景研究情况。

（4）市场竞争牵引

在产业技术创新生态系统内，市场竞争的激烈程度影响着企业的技术创新行为。具有相似性的企业通常会通过提高产品质量和产品差异化等策略来占领市场。因此，在调查问卷中，关于市场竞争牵引方面设置问题应包括：行业内竞争对手的数量情况，创新主体与竞争对手的产品差异性情况，竞争对手的创新行动回应情况，竞争对手进行技术创新活动情况。

4.3.4　初始指标体系的层次结构

根据上文对产业技术创新生态系统运行 11 项要素的外延和内涵的进一

步研究，进行了名义变量设计和操作变量设计，根据操作变量的属性和尺度设计出 Likert-5 级初始测量问卷。

初始量表完成后，笔者对国内技术创新领域的专家进行了小范围访谈，专家反馈的主要意见和建议如下：

（1）语言应通俗化

由于问卷的题项设计中包含许多来自生态系统的类比问题，如果语言过于学术化，将会给问卷填写人员带来干扰，因此建议问卷使用日常、简单、朴素的语言，并提供简单的问卷填答指导，避免使用复杂的术语、未经定义的缩写和行话。比如，有被调研者提出，在涉及"关键种企业"的时候，应该充分考虑问卷填写人员对这个学术名词的接受程度，对该名词进行必要解释。

（2）结构应科学化

问卷结构应包括核心部分和非核心部分。核心部分即为各要素对产业技术创新生态系统影响的各项问题。除核心部分之外，还应包括对研究目的、研究背景的介绍；应包括对被调查者所在企业及系统的情况描述（企业性质、规模、行业所属领域等）；此外，还应设置开放性建议的部分。

根据以上建议对初始量表进行数轮修改，最终确定正式的调查量表由以下四部分组成：

（1）问卷调查的研究背景与意义介绍；

（2）被调查产业技术创新生态系统的组织属性、企业规模、行业所属领域和企业发展阶段等基本情况；

（3）被调查产业技术创新生态系统运行的要素测量；

（4）对此项调查研究的开放式建议。

调查量表具体内容请参见本书附录 2。

根据调查量表的各项问题，得到产业技术创新生态系统运行评价的初始指标体系如表4.1。此指标体系包括三个层次，一级指标包括结构维度、技术维度和外部维度三项指标，二级指标包括 11 项关键要素指标，三级指标包括 45 项细化指标。

4.4　产业技术创新生态系统运行评价指标的赋权

由表 4.1 可得到产业技术创新生态系统运行评价的 45 项评价指标。为科学有效的评价，需按其重要程度对各项指标赋权。本书应用遗传层次分析法来实现赋权过程。

表4.1　产业技术创新生态系统运行评价初始指标层次结构

Tab.4.1 The Index Structure of Industrial Technological Innovation Ecosystem

一级指标	二级指标	序号	三级指标	序号
结构维度 A1	创新主体关联性	B11	上下游创新主体之间在创新产品产量方面的相互依赖情况	C111
			上下游创新主体之间在创新产品质量方面的相互依赖情况	C112
			上下游创新主体之间在创新产品种类与特性方面的相互依赖情况	C113
			上下游创新主体之间在财务方面的相互依赖情况	C114
			上下游创新主体之间在管理经营方面的相互依赖情况	C115
	企业家创新精神	B12	企业家创新欲望的强烈程度	C121
			企业家对新技术的投资意愿情况	C122
			企业家对科技和发明的感知能力情况	C123
			企业家勇于面对不确定性的应对能力	C124
			企业创新行为取决于企业家的支持情况	C125

续表一

一级指标	二级指标	序号	三级指标	序号
结构维度 A1	创新主体多样化	B13	创新主体在一、二、三产业分布情况	C131
			相同产业内的创新主体在主营业务上的差异情况	C132
			创新主体所处的经营环境相似情况	C133
	领导创新意识	B14	企业领导对创新活动的重视程度	C141
			企业领导对创新资源的使用和配置情况	C142
			主管创新工作领导的更换变化情况	C143
技术维度 A2	关键种企业创新能力	B21	系统中关键种企业的数量	C211
			关键种企业相对系统内其他企业规模大小	C212
			关键种企业相对系统内其他企业创新能力强弱	C213
			关键种企业应对创新市场需求变化的能力	C214
	创新技术推动	B22	创新主体开发新产品或服务的情况	C221
			创新主体设置专门研发机构进行创新活动状况	C222
			创新产品的技术含量情况	C223
			新产品的投入产出率情况	C224
			创新主体使用新技术时与旧技术之间的融合程度	C225
			创新技术储备情况	C226
	创新资源保障	B23	创新主体内专业技术人员充足情况	C231
			创新主体获得研发资金的情况	C232
			创新主体获得技术创新活动所需的物质资源情况	C233
			创新主体进行创新活动所需的技术和知识情况	C234
外部维度 A3	创新收益驱动	B31	创新主体在同行业市场竞争中的状况	C311
			现有创新产品的利润回报情况	C312
			开发新一代创新产品的投资回报预测情况	C313
	创新政策支持	B32	政府对创新活动所需基础设计建设情况	C321
			设置专门部门对于指导和推动该系统发展的情况	C322
			政府关于创新主体对相关政策、法规方面需求的回应情况	C323
			政府对创新人才队伍建设支持情况	C324
			政府为促进创新活动而建设科技中介服务情况	C325

续表二

一级指标	二级指标	序号	三级指标	序号
外部维度 A3	创新需求拉动	B33	消费者对创新主体提供的创新产品新需求的情况	C331
			创新主体对于消费者关于创新产品的反馈回应情况	C332
			创新主体对行业的创新产品前景研究情况	C333
	市场竞争牵引	B34	创新主体的竞争对手数量情况	C341
			创新主体与竞争对手的产品差异性情况	C342
			竞争对手的创新行动回应情况	C343
			竞争对手进行技术创新活动情况	C344

遗传算法（Genetic Algorithm, 简称 GA）起源于生态学中物种优胜劣汰、适者生存的法则，是一种基于生物进化理论和遗传变异理论而提出的最优化方法。该算法是由美国 Michigan 大学的 J. Holland 教授于 1975 年首先提出的。其基本思想是通过选择、交叉和变异等遗传算子的共同作用使种群不断进化，最终收敛到优化解。遗传算法是一种全局概率搜索优化算法，对优化函数本身没有什么要求，既不要求连续也不要求可微。由于遗传算法的整体搜索策略和在优化计算时不依赖于梯度信息，因此，在函数优化、参数辨识、机器人控制、神经网络训练、模糊逻辑系统等多方面得到了广泛的应用，已经成为国际上受到普遍应用的算法之一。该算法尤其适合于处理传统搜索方法难以解决的高度复杂的非线性问题[152]。

层次分析法（Analytic Hierarchy Process, 简称 AHP）是管理科学领域进行系统分析时常用的评价方法之一，它将决策人的主观判断过程数学化，进行定量化分析，从而为管理者提供更为科学的决策依据[153-154]。通过较长时间的理论研究与应用分析表明，AHP 法尚存在构造、检验和修正判断矩阵一致性的问题，这也是 AHP 理论研究的热点和难点[155]。为克服上述缺点，进一步提高决策精度与科学性，本书将引入遗传算法来完成判断矩阵的修正及一致性检验，实现对系统各要素的排序，该方法简称遗传层次分析法（GA － AHP）。

4.4.1　遗传层次分析法的建模

4.4.1.1 建立递阶层次结构模型

AHP 中的递阶层次结构模型是指按各要素的属性关系形成若干层次，直到可评价为止。产业自主创新生态系统运行指标体系共分为四层：目标层（产业技术创新生态系统运行）、维度层（一级指标层）、关键要素层（二级指标层）和问题层（三级指标层），各层次的指标统称为系统元素。目标层只有一个元素为产业技术创新生态系统运行；维度层共有 3 项元素，分别为 A1，A2，A3；每个维度层对应的要素层有 n 个元素，分别为 Bij（i=1,2,3,j=1,2,…n）；每个要素层对应的问题层有 m 个元素，分别为 Cijk（i=1,2,3,j=1,2,…n ,k=1,2,…m）。

4.4.1.2　构造初始判断矩阵

递阶层次结构反映了各元素间的相互关系，但各元素对于衡量目标的重要程度不尽相同。为取得可信数据，Saaty 等人建议通过同一层次各元素之间的两两对比来建立判断矩阵，评定标度以 1 ～ 9 及其倒数来表示，具体构造方法参见文献[156]。得到目标层的判断矩阵为 $A = \{a_{ij} \mid i, j = 1 \sim 3\}$，得到要素层的判断矩阵为 $B_k = \{b_{ij} \mid i, j = 1 \sim n\}(k = 1,2,3)$，其中 b_{ij} 表示从维度层角度考虑要素层元素 B_{ki} 相对于 B_{kj} 的重要程度，即对于维度层影响的严重程度，问题层的判断矩阵为 $C_{kl} = \{c_{ij} \mid i, j = 1 \sim m\}(k = 1 \sim 3, l = 1 \sim n)$，$c_{ij}$ 表示从要素层要素 B_k 的角度考虑 C_{kli} 相对于 C_{klj} 的重要程度，即对于要素层某元素影响的严重程度。

4.4.1.3　层次单排序及一致性检验

层次单排序是指同一层各元素对上一层某元素相对重要性的排序权值。传统 AHP 法是通过计算判断矩阵最大特征值对应的特征向量并进行归一化处理得到的排序权值。这种方法的不足之处在于，一致性检验与排序过程是分开进行的，权值计算和排序完全由判断矩阵来决定，并没有考虑一致性问题，且无法对判断矩阵进行修正。而 GA-AHP 法能够从判断矩阵的定义出发来构建一致性指标函数，将层次排序与一致性检验结合起来完成，这种计算方法更加直观合理，可以通过对判断矩阵的反复调整来实现满意的一致性，从而确定层次排序，即使当判断矩阵一致性程度较低或者数据残缺时也能通过 GA-AHP 方法得到较好的解决。

具体来讲，通过 GA-AHP 方法进行层次单排序和一致性检验主要有以下几个步骤：

步骤 1：构建一致性指标函数。设 B 层各元素的单排序权重为 $w_k(k=1\sim n)$，由判断矩阵的单位性、倒数性等性质[156-157]可知，当判断矩阵 $B=\{b_{ij}\,|\,i,j=1\sim n\}$ 具有完全一致性时，有

$$\sum_{k=1}^{n} b_{ik} w_k = \sum_{k=1}^{n} (w_i/w_k) w_k = n w_i, i=1\sim n \qquad (4\text{-}1)$$

但在实际中对某系统进行评价时，判断矩阵的完全一致性通常难以满足，为求得最佳的排序权值就需要对判断矩阵进行修正，设修正后的判断矩阵为 $Y=\{y_{ij}\,|\,i,j=1\sim n\}$，则最优一致性函数可表示为：

$$\text{Min } CIF(n) = \sum_{i=1}^{n}\sum_{k=1}^{n} |y_{ik}-b_{ik}|/n^2 + \sum_{i=1}^{n}\sum_{k=1}^{n} |y_{ik}w_k - nw_i|/n^2 \qquad (4\text{-}2)$$

$$1 > w_k > 0, k = 1 \sim n$$

$$\sum_{k=1}^{n} w_k = 1$$

s.t. $y_{ii} = 1(i = 1 \sim n)$

$1/y_{ki} = y_{ik} \in |b_{ik} - db_{ik}, b_{ik} + db_{ik}|$

$(i = 1 \sim n, k = i + 1 \sim n)$

式（4-2）中 $CIF(n)$（Consistency Indes Function）称为一致性指标函数，即目标函数，d 为非负参数，根据经验可在 $[0, 0.25]$ 间取值。

步骤 2：修正判断矩阵。当判断矩阵具有完全一致性时，式（4-2）为零，无须修正；当判断矩阵一致性条件不完全满足时，需要通过反复修正原判断矩阵的各元素来实现满意的一致性。GA-AHP 法通过遗传算法能够有效而简便地解决这一问题。遗传算法的具体算法可参见文献[158]，其实现目标函数式（4-2）全局优化的原理是：通过对 d 取值由小到大的改变，来调整 y_{ij} 的取值范围，并通过轮盘赌等方法[152, 158]来实现对父代 y_{ij} 的选择、交叉和变异，从而使子代 y_{ij} 的适应度更强，即实现一致性指标的不断优化。一般认为当 $CIF(n) < 0.1$ 时，判断矩阵具有满意的一致性，所对应的排序权值 w_k 是可以接受的，否则就需要继续修正判断矩阵，直至获得满意的一致性[159]。

同理，设问题层判断矩阵为 $C_k = \{c_{ij}^k \mid k = 1 \sim n; i, j = 1 \sim m\}$，按同样的步骤计算可得到问题层各元素层次单排序权重 $v_i^k, k = 1 \sim n, i = 1 \sim m$ 和最优一致性指标函数 $Min\ CIF^k(m)$。

4.4.1.4 层次总排序及一致性检验

通过以上层次单排序的计算可以得到同一层元素对上一层某元素的排序权重，层次总排序是指各层（要素层 B、问题层 C、维度层 A）元素对目标的排序权重。B 层总排序权重及一致性指标函数即为其单排序权重 w_k，

$k=1\sim n$ 和一致性指标函数 $CIF(n)$；C 层的总排序权值为 $v_i^T = \sum_{k=1}^{n} w_k v_i^k (i = 1 \sim m)$，总排序一致性指标函数为 $CIF^T(m) = \sum_{k=1}^{n} w_k CIF^k(m)$。当 $CIF^T(m)$ 小于某标准值时，认为总排序具有满意的一致性，此时的排序权值是可以接受的，否则需要反复修正有关判断矩阵，直到获得满意的一致性为止[160]。

4.4.1.5　GA-AHP 模型实施流程

GA-AHP 模型实施流程见图 4.2。

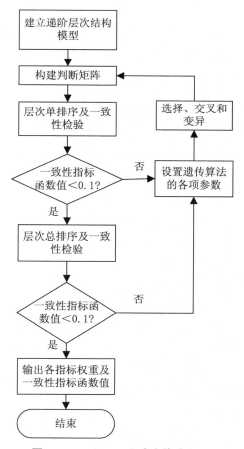

图 4.2　GA — AHP 法实施流程图

Fig. 4.2 Chart of Building GA-AHP Model

4.4.2 各指标权重的计算

现用 GA-AHP 法建立的模型对产业技术创新生态系统运行评价指标体系各元赋权。按表 4.1 的指标体系，经过专家咨询，得到问题层初始判断矩阵 11 个，分别为 $C_{11}, C_{12}, C_{13}, C_{14}, C_{21}, C_{22}, C_{23}, C_{31}, C_{32}, C_{33}, C_{34}, C_{35}$，影响因素层初始判断矩阵 3 个，分别为 B_1, B_2, B_3，维度层初始判断矩阵为 A。

表4.2 产业技术创新生态系统运行评价指标赋权结果

Tab.4.2 The Index Structure of Industrial Technological Innovation Ecosystem

序号	维度层	A1				A2			A3				对目标层权重
	权重	0.345				0.335			0.319				
	要素层	B11	B12	B13	B14	B21	B22	B23	B31	B32	B33	B34	
	权重	0.268	0.325	0.203	0.204	0.312	0.349	0.339	0.276	0.267	0.225	0.232	
1	C111	0.212											0.0196
2	C112	0.221											0.0205
3	C113	0.197											0.0182
4	C114	0.187											0.0173
5	C115	0.183											0.0170
6	C121		0.202										0.0227
7	C122		0.191										0.0215
8	C123		0.237										0.0266
9	C124		0.187										0.0209
10	C125		0.183										0.0206
11	C131			0.312									0.0219
12	C132			0.356									0.0250
13	C133			0.331									0.0233
14	C141				0.362								0.0255
15	C142				0.356								0.0251
16	C143				0.281								0.0198
17	C211					0.245							0.0257
18	C212					0.234							0.0245

续表

序号	维度层	A1				A2			A3				对目标层权重
	权重	0.345				0.335			0.319				
	要素层	B11	B12	B13	B14	B21	B22	B23	B31	B32	B33	B34	
	权重	0.268	0.325	0.203	0.204	0.312	0.349	0.339	0.276	0.267	0.225	0.232	
19	C213					0.232							0.0243
20	C214					0.288							0.0301
21	C221						0.144						0.0169
22	C222						0.102						0.0119
23	C223						0.196						0.0229
24	C224						0.201						0.0235
25	C225						0.202						0.0237
26	C226						0.154						0.0180
27	C231							0.262					0.0298
28	C232							0.251					0.0285
29	C233							0.245					0.0279
30	C234							0.241					0.0274
31	C311								0.345				0.0304
32	C312								0.344				0.0303
33	C313								0.310				0.0274
34	C321									0.192			0.0164
35	C322									0.161			0.0137
36	C323									0.194			0.0166
37	C324									0.220			0.0187
38	C325									0.233			0.0199
39	C331										0.347		0.0249
40	C332										0.343		0.0247
41	C333										0.310		0.0223
42	C341											0.225	0.0167
43	C342											0.284	0.0211
44	C343											0.263	0.0195
45	C344											0.228	0.0169

应用 GA-AHP 法，设置遗传算法的各项参数[158-159]，用二进制编码来离散自变量，根据离散精度选取染色体长度，选择策略用轮盘赌策略，交叉方法采用单点交叉，变异概率设为 0.025，当进化到 99 代时，获得最佳个体，得到 w_k 为[0.2970 0.1634 0.5396]，一致性指标函数值 CIF=0.0046 < 0.1。同理，计算 C 层的层次单排序和层次总排序，得到层次总排序一致性指标函数值为 0.0245 < 0.1，认为修正后的判断矩阵具有满意的一致性，排序权值是可以接受的。各级指标对于目标层的赋权结果见表 4.2。

4.5　产业技术创新生态系统运行评价指标体系优化

上文完成了产业技术创新生态系统运行评价指标的选取及指标的赋权，得到初始的评价指标体系，为提高评价的可信度，构建科学合理的评价指标体系，下面将通过调查问卷获得的统计数据，应用信度和效度分析方法对初始指标体系进行优化。

4.5.1　样本的描述性统计

为得到科学可信的样本数据，笔者向不同行业的企业、高校和科研机构发放调查问卷。问卷共收回 324 份，剔除掉有缺失数据的问卷和雷同度较太高的问卷，剩余有效问卷 186 份，有效率为 57.4%。

首先根据被调查对象所在企业的性质、企业规模、员工规模、主导业务所属领域、企业所处发展阶段对研究样本进行描述性统计，见表 4.3。

从表 4.3 和图 4.3-4.6 可以看出，样本的统计结果有充分的代表性。样本企业性质不一，其中民营企业和国有或国有控股企业比例较大，合资企业的比例较小；从企业规模来看，规模中型的企业较多，员工数量大多在

300-2000 人；样本涉及众多行业，软件、电子及通信设备制造业、生物制药、新材料、机械制造、化工和纺织等诸多领域，而且在各种发展阶段均有一定数量的样本，其中处于发展阶段和成熟阶段的企业居多，衰退和再生阶段的企业数量较少。

表4.3 样本的描述性统计

Tab.4.3 The Descriptive Statistics of Samples

	类别	样本数	百分比（%）
企业性质	国有或国有控股企业	53	28.49%
	民营企业	89	47.85%
	中外合资企业	15	8.06%
	外商独资企业	5	2.69%
	其他	24	12.90%
企业规模	小型	59	31.72%
	中型	87	46.77%
	大型	40	21.51%
企业员工规模	300人以下	56	30.11%
	300~2000人	99	53.23%
	2000人以上	31	16.67%
主导业务所属行业领域	软件	23	12.37%
	电子及通信设备制造业	59	31.72%
	生物制药	18	9.68%
	新材料	9	4.84%
	机械制造	43	23.12%
	化工和纺织	20	10.75%
	其他	14	7.53%
企业所处发展阶段	创业阶段	18	9.68%
	发展阶段	78	41.94%
	成熟阶段	72	38.71%
	衰退阶段	12	6.45%
	再次创业阶段	6	3.23%

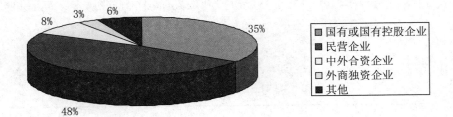

图 4.3 样本企业性质分布图

Fig.4.3 Distribution of Enterprise

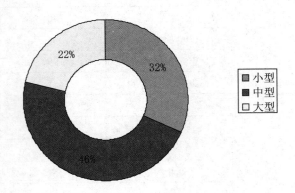

图 4.4　样本企业规模分布图

Fig.4.4 Distribution of Enterprise Size

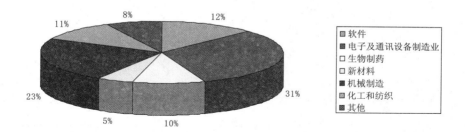

图 4.5　样本所属行业分布图

Fig.4.5 Distribution of Industry

4.5.2　样本的信度和效度分析

信度和效度是评价量表编制是否合理的两个基本指标，前者度量的是测试结果是否一致的可靠程度，而不涉及结果是否正确的问题；后者度量的是测量结果的有效性，即量表是否达到了它预定的目的以及是否测量了它要测量的内容。

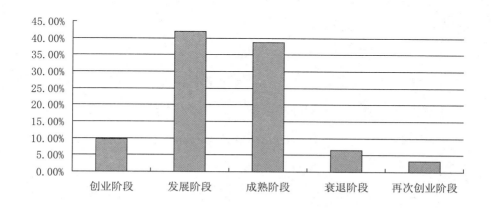

图 4.6　样本企业所处发展阶段分布图

Fig.4.6 Distribution of Enterprise Stage

4.5.2.1 信度和效度分析原理

（1）信度分析原理

在产业技术创新生态系统运行评价过程中，难免会因为各种因素的干扰影响评价的可靠性和一致性，为衡量评价可靠性需要用到的一个重要指标就是信度。信度分析是一种度量综合评价体系是否具有一定的和可靠性的有效分析方法。信度指标是对信度的一定量化的描述方式，其量化值称信度系数，该系数越大表明评分可信程度越大。一般认为 0.60 ～ 0.65 不可信；0.65 ～ 0.70 是最小可接受值；0.70 ～ 0.80 相当好；0.80 ～ 0.90 就是非常好。因此，一个信度好的指标体系其信度系数最好在 0.80 以上，否则就应该考虑通过增删指标项目修订指标体系。目前，最常用的信度系数是 Cronbach's α 信度系数，该系数能够反映体系中指标得分间的内在一致性，其公式为：

$$\alpha = \frac{k}{k-1}\left(1 - \frac{\sum_{i=1}^{k}\mathrm{var}(i)}{\mathrm{var}}\right) \qquad （4\text{-}3）$$

其中，k 为指标体系中评估指标的总数，$\mathrm{var}(i)$ 为第 i 个指标得分的表内方差，var 为全部项目总和的方差[161-162]。

（2）效度分析原理

对一个指标体系进行信度评价后，如果得到信度系数并不理想，就应该考虑通过增删或修改指标项目以提高指标体系总体的可靠性，进行结构效度分析可以实现这一优化目的。产业技术创新生态系统运行评价指标体系的结构效度是指对该体系进行评定得到的结果与期望评定内容的同构程度，它表明在多大程度上实际指标体系的结构能够被看作为所期望评定的内容在结构上的替代物。进行结构效度分析最理想的统计方法是因子分析法，将指标体系中有高度相关性的指标作为一个群，从而使整个体系分成若干个群，每个因子反映整个体系的一个方面。如果所有公共因子的累积方差贡献率至少在 50% 以上，每个指标项目都只在其中一个公共因子上具有高载荷（大于 0.4），而在其他因子上的载荷值较低，这样才能确保整个体系的结构效度是理想的，否则就应该对指标体系进行修订[162-163]。

4.5.2.2　信度和效度分析

将问卷调查的结果数据按照指标体系输入 SPSS17.0 软件，建立 sav 数据文件，执行 Reliability Analysis 命令，选择 Alpha 选项作为信度分析的模型，进行可靠性分析，得到 Cronbach's 信度系数 $\alpha = 0.8125$，表明这个指标体系的设计还是比较可信的，但为增强评价体系的科学性和公正性，还可以通过对结构效度的分析有针对性的进一步优化。

为对指标体系进行结构效度分析，首先对数据是否适合因子分析进行检验，得 Kaiser-Meyer-Olkin（KMO）取样适度性的值为 0.643，Bartlett 球状检验值 275.102，表明该指标体系适合做因子分析。应用 SPSS 软件对数据进行因子分析，选择 Principal component 方法，根据 Kaiser 准则，选取特征值大于 1 的因子。根据输入结果整理出主要描述性统计量见表 4.4、表 4.5、表 4.6。

（1）基于离散系数和共同度的分析

从表 4.4 中可见，离散系数最小的两项指标为 C125 和 C212，离散系数均小于 0.1，表明不同行业、不同性质的产业技术创新生态系统在这两项指标的表现上差别不大，接近均值，难以体现区别。指标 C125（企业创新行为取决于企业家支持的情况）的均值最高达 4.988，即大部分被调查者对此问题的回答很一致，对此项指标认可程度高，且此项指标与其他指标的相关系数较小，无法由其他指标替代，因此保留此此项指标。指标 C212（关键种企业相对系统内其他企业规模大小）与指标 C213（关键种企业相对系统

内其他企业创新能力强弱）的相关系数较高，为 0.9345，因此可以由 C213
替代 C212 的内容，将指标 C212 予以删除。

表4.4 各指标的均值、离散系数及共同度

Tab.4.4 Descriptive Statistics of Index

序号	指标	均值	离散系数	共同度	序号	指标	均值	离散系数	共同度
1	C111	3.985	0.24	0.671	24	C224	3.943	0.283	0.651
2	C112	4.343	0.278	0.554	25	C225	3.044	0.239	0.664
3	C113	4.543	0.244	0.561	26	C226	3.998	0.289	0.599
4	C114	3.443	0.241	0.702	27	C231	3.545	0.198	0.629
5	C115	2.383	0.242	0.506	28	C232	3.023	0.183	0.636
6	C121	4.099	0.216	0.533	29	C233	3.434	0.254	0.633
7	C122	4.123	0.217	0.629	30	C234	3.423	0.269	0.718
8	C123	3.743	0.22	0.631	31	C311	3.423	0.288	0.615
9	C124	3.533	0.189	0.734	32	C312	2.644	0.276	0.672
10	C125	4.989	0.091	0.746	33	C313	2.985	0.212	0.674
11	C131	3.323	0.222	0.742	34	C321	3.643	0.252	0.694
12	C132	3.434	0.246	0.734	35	C322	2.342	0.323	0.666
13	C133	3.643	0.225	0.685	36	C323	3.023	0.253	0.696
14	C141	3.243	0.228	0.615	37	C324	3.434	0.262	0.698
15	C142	3.434	0.332	0.623	38	C325	3.534	0.264	0.703
16	C143	2.386	0.23	0.492	39	C331	3.443	0.285	0.676
17	C211	6.235	0.211	0.745	40	C332	2.783	0.191	0.696
18	C212	4.547	0.099	0.661	41	C333	4.099	0.287	0.484
19	C213	4.543	0.143	0.639	42	C341	3.743	0.214	0.67
20	C214	4.538	0.277	0.608	43	C342	3.893	0.319	0.671
21	C221	3.343	0.279	0.512	44	C343	4.547	0.249	0.751
22	C222	2.543	0.281	0.499	45	C344	3.874	0.248	0.685
23	C223	3.432	0.281	0.627					

表 4.4 中共同度表示全部提取的公共因子对该指标项目方差解释说明的
比例，体现公共因子对变量的贡献程度。从表 4.4 中可见所有指标项目的共

同度均大于 0.48，表明公共因子能够解释大部分的指标，其中小于 0.5 的只有 3 项指标，分别为 C143、C222 和 C333，这 3 项指标是虽然离散系数中等，但其共同度偏小，意味着有大于 50% 的信息丢失，说明与其他指标相比这 3 项指标设计得不好，应进行删除或修改。

表4.5　因子载荷矩阵（LOADING>0.5）

Tab.4.5 Rotated Component Matrix （Loading>0.5）

指标	因子1	因子2	因子3	因子4	因子5	指标	因子1	因子2	因子3	因子4	因子5
C311	0.898					C344		0.742			
C341	0.872					C214		0.734			
C313	0.866					C226		0.703			
C321	0.845					C112		0.678			
C212	0.840					C133			0.896		
C223	0.810					C231			0.880		
C225	0.780					C111			0.876		
C324	0.776					C115			0.874		
C323	0.752					C131			0.831		
C342	0.743					C113			0.761		
C325	0.724					C124			0.641		
C331	0.712					C143			0.588		
C332	0.689					C333	0.569		0.574		
C322	0.616					C114				0.866	
C343		0.965				C132				0.808	
C211		0.927				C121				0.780	
C221		0.919				C224				0.754	
C125		0.918				C141				0.726	
C234		0.878				C123				0.676	
C312		0.832				C142				0.654	
C222		0.813				C122				0.540	
C233		0.802				C232					0.828
C213		0.748									

表4.6　旋转后各因子的特征值及累积贡献率

Tab.4.6 Total Variance Explainced

因子	特征值	贡献率（%）	累积贡献率（%）	因子	特征值	贡献率（%）	累积贡献率（%）
1	4.143	29.590	29.590	4	1.627	11.624	71.885
2	2.559	18.275	47.865	5	1.217	8.690	80.575
3	1.735	12.396	60.261				

（2）基于因子载荷矩阵的分析

由表 4.6 可见，提取 5 个因子时方差累积贡献率达 80.58%，表明这 5 个因子能够解释原变量的大部分方差，只有 19.42% 的信息损失。表 4.5 是旋转后的因子载荷矩阵，选取 Varimax 法进行因子旋转，使具有较大因子载荷量的变量个数缩减到最低限度，并删除 LOADING ≤ 0.5 的小载荷量。从表 4.5 可以看出，有 44 项指标都只在一个因子上有较大的载荷，只有 C333（创新主体对行业的创新产品前景研究情况）在因子 1 和因子 3 上有近似相等的载荷，说明这项指标反映的信息不明确，为提高指标体系整体的可靠性应将这项指标删除。能够反映因子 5 的只有一个指标 C232（创新主体获得研发资金情况），而且由表 4.5 知其方差贡献率最低，只有 8.69%，说明因子 5 不宜单独作为一个因子，但指标 C232 考查的是创新主体获得创新活动研发资金能力情况，而且与其他指标的相关性较弱（相关系数均小于 0.35），无法由其他指标代替，因此不能删除，应予以保留。

4.5.2.3　指标体系优化改进对策

根据以上分析结果，结合专家会议法，对指标体系进行优化改进。经反复讨论和分析计算后将指标 C143、C212、C222 和 C333 删除；在二级指标 B21（关键种企业创新能力）下增设三级指标：关键种企业为产业技术创新生态系统服务意识；在二级指标 B22（创新技术推动）下增设三级指标：

创新企业与高校及科研机构进行创新技术合作情况。完成指标名称的修订后再通过遗传层次分析法对各项指标重新分配权重，得到优化后的指标体系共有指标 43 项。对优化后的指标体系重新进行信度和效度检验，通过信度检验得 Cronbach's 信度系数 α= 0.8243，比原指标体系的信度系数提高了 0.0118；通过效度检验得到 5 个因子的累积贡献率达 83.687%，比原指标体系提高了 3.112%，且所有指标均在一个因子上有较高载荷。可见优化后的指标体系信度和效度均得到提高，是较为理想的指标体系。优化后的评价指标体系如表 4.7。

表 4.7　产业技术创新生态系统运行评价指标体系

Tab.4.7 The Index System of Industrial Technological Innovation Ecosystem

一级指标	二级指标	序号	三级指标	序号	权重
结构维度A1	创新主体关联性	B11	上下游创新主体之间在创新产品产量方面的相互依赖情况	C111	0.0196
			上下游创新主体之间在创新产品质量方面的相互依赖情况	C112	0.0205
			上下游创新主体之间在创新产品种类与特性方面的相互依赖情况	C113	0.0182
			上下游创新主体之间在财务方面的相互依赖情况	C114	0.0173
			上下游创新主体之间在管理经营方面的相互依赖情况	C115	0.0170
	企业家创新精神	B12	企业家创新欲望的强烈程度	C121	0.0227
			企业家对新技术的投资意愿情况	C122	0.0215
			企业家对科技和发明的感知能力情况	C123	0.0266
			企业家勇于面对不确定性的应对能力	C124	0.0209
			企业创新行为取决于企业家的支持情况	C125	0.0206

续表一

一级指标	二级指标	序号	三级指标	序号	权重
结构维度A1	创新主体多样化	B13	创新主体在一、二、三产业分布情况	C131	0.0219
			相同产业内的创新主体在主营业务上的差异情况	C132	0.0250
			创新主体所处的经营环境相似情况	C133	0.0233
	领导创新意识	B14	企业领导对创新活动的重视程度	C141	0.0353
			企业领导对创新资源的使用和配置情况	C142	0.0350
技术维度A2	关键种企业创新能力	B21	系统中关键种企业的数量	C211	0.0257
			关键种企业为产业技术创新生态系统服务意识	C212	0.0245
			关键种企业相对系统内其他企业创新能力强弱	C213	0.0243
			关键种企业应对创新市场需求变化的能力	C214	0.0301
	创新技术推动	B22	创新主体开发新产品或服务的情况	C221	0.0169
			创新企业与高校及科研机构进行创新技术合作情况	C222	0.0119
			创新产品的技术含量情况	C223	0.0229
			新产品的投入产出率情况	C224	0.0235
			创新主体使用新技术时与旧技术之间的融合程度	C225	0.0237
			创新技术储备情况	C226	0.0180
	创新资源保障	B23	创新主体内专业技术人员充足情况	C231	0.0298
			创新主体获得研发资金的情况	C232	0.0285
			创新主体获得技术创新活动所需的物质资源情况	C233	0.0279
			创新主体进行创新活动所需的技术和知识情况	C234	0.0274

续表二

一级指标	二级指标	序号	三级指标	序号	权重
外部维度A3	创新收益驱动	B31	创新主体在同行业市场竞争中的状况	C311	0.0304
			现有创新产品的利润回报情况	C312	0.0303
			开发新一代创新产品的投资回报预测情况	C313	0.0274
	创新政策支持	B32	政府对创新活动所需基础设计建设情况	C321	0.0164
			设置专门部门对于指导和推动该系统发展的情况	C322	0.0137
			政府关于创新主体对相关政策、法规方面需求的回应情况	C323	0.0166
			政府对创新人才队伍建设支持情况	C324	0.0187
			政府为促进创新活动而建设科技中介服务情况	C325	0.0199
	创新需求拉动	B33	消费者对创新主体提供的创新产品新需求的情况	C331	0.0360
			创新主体对于消费者关于创新产品的反馈回应情况	C332	0.0359
	市场竞争牵引	B34	创新主体的竞争对手数量情况	C341	0.0167
			创新主体与竞争对手的产品差异性情况	C342	0.0211
			竞争对手的创新行动回应情况	C343	0.0195
			竞争对手进行技术创新活动情况	C344	0.0169

4.6　产业技术创新生态系统运行评价方法选取

目前，国内学术界在技术创新能力评价方面的研究日趋丰富。从已发表的文献看，多数学者在进行评估时只是采用某种单一的综合评价方法实现，如李煜华等人采用结构方程模型对产业技术创新影响因素进行分析[88]，钟祖昌采用 SBM 法测度了区域创新效率[164]。通过对同类文献进行比较研究发现，不同的评估方法所得到的评估结果之间往往存在着一定的差异，而各种不同方法又各有所长，因此无法界定优劣。为克服单一方法存在的片面性的，部分学者提出将几种综合评价方法通过某种方式进行组合，按组合后的评价值得到排序结果，如俞立平、潘云涛提出将 DEA 方法与神经网络法相结合对科技投入进行评价[165]，姚平、梁静国等通过遗传算法将综合指数法、信息熵法等进行有效组合评价城市化水平[166]。为提高评价的科学性和精度，本书选取组合评价方法作为评价产业技术创新生态系统运行的方法。

4.6.1　组合评价法简述

所谓组合评价，就是将不同的评价方法进行适当组合，综合利用各种方法所提供的信息，从而尽可能地提高评价水平和精度。显然，组合评价比单一评价更科学，因为仅用一种方法进行多指标综合评价，其结果很难令人信服。对同一评价问题，不同的评价方法提供不同的有用信息，且每一种方法都有自己固有的缺陷，把多种评价方法进行适当组合，有利于弥补这一缺陷，使评价结果更为精确。而且还可以进行相互印证，检验不同方法的可靠性，使人更加信服[167]。

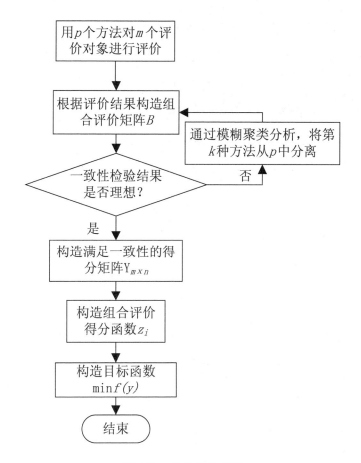

图 4.7　组合评价步骤

Fig.4.7 Steps of Building the Combined Evaluation Model

4.6.2　组合评价法步骤

本书通过图 4.7 所示的几个步骤构建组合评价模型。

（1）构造组合评价得分函数

确定评价矩阵。设产业技术创新生态系统运行评价指标体系中有 m 个评价指标，分别用 p 个方法对评价指标进行评价，并对评价结果使用肯达尔一致性系数进行事前检验[161]。如果检验结果不理想，则对评价结果做模糊聚类分析[168]，通过适当的阈值将第 k 种方法分离出来；对剩余方法反复进行一致性检验及模糊聚类分析，直到检验结果达到理想水平。设剩余方法为 n 个，则评价矩阵为 $B = \{b_{ij} \mid i = 1 \sim m; j = 1 \sim n\}$，其中 b_{ij} 为第 i 个评价指标在第 j 种评价方法下的排序位置。

构造组合评价得分函数。根据评价矩阵计算出得分矩阵 $Y = \{y_{ij} \mid i = 1 \sim m; j = 1 \sim n\}$，其中 $y_{ij} = n - b_{ij} + 1$，表示第 i 个评价指标在第 j 种评价方法下的得分值。由此可以构造组合评价得分函数为 $z_i = \sum_{k=1}^{n} y_{ik} q_k \ (i = 1 \sim m)$，其中 z_i 表示第 m 个评价指标的组合得分，q_k 为第 k 种评价方法的权重，且满足 $q_k \in [0,1]$，$\sum_{k=1}^{n} q_k = 1$。

（2）构造目标函数

由得分函数的构造过程可知，某个评价指标的组合得分与各单一评价方法得分值越接近才说明组合方法越有效。因此，当组合评价结果最优时，$\sum_{i=1}^{m} \sum_{k=1}^{n} (z_i - y_{ik})^2 / n$ 值必为最小。

据此，可构造目标函数为

$$\min f(y) = \sum_{i=1}^{m} \sum_{k=1}^{n} (z_i - y_{ik})^2 / n$$

$$0 < q_k < 1 \tag{4-4}$$

$$\text{s.t.} \sum_{k=1}^{n} q_k = 1$$

$$(i = 1 \sim m; k = 1 \sim n)$$

式（5-4）是非线性优化问题，其中 q_k 为待优化变量，这一模型的全局寻优过程将通过基于自然选择的混合粒子群算法来实现，具体算法及步骤将于第 6 章进行论述。

4.6.3　系统运行状况指数标准

通过混合粒子群算法得出式（4-4）这一非线性优化问题的解，就可得到评价对象的组合得分 z_i，则产业技术创新生态系统运行状况指数 w 可表示为：

$$w = \sum_{i=1}^{m} z_i s_i \quad (i = 1 \sim m) \tag{4-5}$$

式（4-5）中为 s_i 为第 i 个评价指标的权重，其数值大小可由表 4.7 得知。

计算出产业技术创新生态系统运行状况指数 w 后，需要有一个等级标准，才能描述出系统的运行状况程度。参照国内外有关研究成果，结合有关专家的意见，本书认为当 $w \geqslant 9.0$ 时，为系统运行好；当 $9.0 > w \geqslant 7.5$，为系统运行较好；当 $7.5 > w \geqslant 6.0$，为系统运行一般；当 $6.0 > w \geqslant 4.5$，为系统运行较差；当 $4.5 > w$，为系统运行特别差。

4.7　本章小结

本章主要构建了产业技术创新生态系统运行评价模型。首先，根据指标体系的构建原则，通过专家访谈及问卷调查法完成了初始指标体系层次结构的构建。其次，应用遗传层次分析法实现了对初始指标体系各项指标的赋权。再次，通过信度和效度分析方法对初始指标体系进行优化，完成指标体系的构建。最后，选取组合评价法作为评价产业技术创新生态系统运行的方法，并界定了系统运行状况指数的优良标准。

第5章 产业技术创新生态系统运行实证研究

在前文的研究中，把产业技术创新生态系统看作是全面、广义的系统，它涉及社会经济生活的各个方面。在现实中，由于行业特性的差别，每个产业技术创新生态系统各不相同。本章选取电信产业为例，以前文构建的产业技术创新生态系统运行评价模型为基础，进行电信产业技术创新生态系统运行评价的实证研究。

5.1 电信产业技术创新生态系统的构成

电信产业技术创新生态系统同样可看作是由生命子系统和环境子系统两大部分组成，其中生命子系统中包括企业、政府、高校及科研机构、中介组织、金融机构等技术创新种群，环境子系统包括政策环境、市场环境、资源环境、经济环境等创新环境组成。生命子系统和环境子系统共同构成了电信产业技术创新生态系统的四层结构，即创新核心层、创新主体层、创新辅助层和创新环境层。

5.1.1 生命子系统的构成

5.1.1.1 创新核心层的构成

高校和科研机构种群构成了电信产业技术创新生态系统的创新核心层。

高校和科研机构为电信产业技术创新生态系统输送了大量的人才，并通过与系统内企业的合作，向电信企业扩散了大量的技术、信息和知识。比如，部分电信产业运营商和设备制造商就与多所高校和科研院所签署了战略合作框架协议，建立了以企业为主体、产学研相结合的技术创新体系，推进了企业开放式创新平台的建设和创新型人才的培养。

5.1.1.2　创新主体层的构成

电信产业技术创新生态系统的创新企业种群主要包括电信运营商、设备供应商、终端设备提供商、内容服务提供商、最终用户企业等[97]。这些企业构成了电信产业技术创新生态系统的创新主体层，系统中的关键种企业大多分布在这一层，这些关键种企业为行业领先企业，对系统的技术创新活动起着主导作用。

电信运营商是指提供固定电话、移动电话和互联网接入的通讯服务公司，简称运

营商。2008 年电信产业重组以后，中国的电信产业运营商有中国移动、中国电信和中国联通三家。电信运营商是电信产业技术创新生态系统的核心主体，是电信产业技术创新的引导者、实施者和保障者，主导着电信市场的发展和演进，运营商必须与产业链上的其他主体紧密合作，才能带动整个电信产业及其技术创新的健康发展。

设备供应商是指向电信运营商提供网络硬件设备、软件和系统集成方案的企业。中国的电信产业高速发展，不但为大批外国设备供应商（如 Motorola、Nokia、IBM 等）提供了市场，而且促进了国内供应商（如华为、中兴等）的发展。设备供应商与电信运营商之间是相互关联度很高，他们相互依存、共同发展。

终端设备提供商是指向最终用户市场提供电信业务终端设备的企业。终

端设备提供商通常是一些技术创新实力雄厚的大型企业，如三星、Nokia、HTC 等。终端设备提供商与电信运营商之间既有竞争关系又存在合作关系。随着现代通信技术的不断创新，终端设备提供商在电信产业内的作用越来越重要，其与运营商、内容服务提供商等系统内其他创新主体的业务关联度不断提高[169]。

内容服务提供商是指提供电信业务内容服务和应用服务的企业。电信运营商提供业务传输通道，而内容服务提供商主要提供业务服务，二者是合作关系，共同分配利益。内容服务提供商主要是信息业务的二次开发、包装和更新，主要包括百度、新浪、搜狐和 163 等门户网站。内容服务提供商能够促进运营商的增加业务收益，二者是紧密合作的关系。

最终用户是指使用电信运营商、终端设备提供商和内容服务提供商所提供的设备及服务的企业和个人。

5.1.1.3 创新辅助层的构成

政府和中介机构等创新种群构成了系统的创新辅助层。在我国电信产业的发展中，政府一直起着至关重要的作用，尤其是在电信产业发展的初期阶段，产业内的创新和发展都是在政府主导下完成的，电信产业技术创新生态系统的发展始终离不开政府的参与和引导。政府是该系统技术创新行为的引导者，是系统运行的保障者，同时也是创新产品的消费者。银行、证券、人才市场、金融机构等中介机构在电信产业技术创新生态系统运行中也同时发挥着举足轻重的作用，他们为系统提供的资源和服务，能够保障系统内创新主体创新活动的顺利开展，加速系统内技术创新的扩散，提升整个系统的技术创新水平。

5.1.2　环境子系统的构成

创新环境是电信产业技术创新生态系统的主要构成部分，对系统的发展和运行具有重要的影响。电信产业技术创新生态系统的创新环境包括政策环境、经济环境、市场环境和资源环境等。

政策环境是电信产业技术创新生态系统健康发展的重要保障。政府的创新政策促进了电信产业技术创新的快速发展，也规范创新活动的方向和规模。如电信产业多元化融资的投资政策、电信拆分重组政策、三网融合的引导政策等，这些政策弥补了市场机制的缺陷，促进了资源实现更有效的配置，保障了电信产业的健康发展。

经济环境是制约电信产业技术创新生态系统运行的重要因素。电信产业技术创新生态系统的经济支持来源于政府资金支持、金融企业支持或是企业参与的其他投资基金，这些经济支持保证了系统内公共物业服务部门等的正常运转。

市场环境是电信产业技术创新生态系统发展的重要环境。随着电信产业内竞争的日益激烈，用户种群的创新需求愈发多样化。为在市场竞争中占有一席之地，电信运营商、终端设备提供商等创新主体不断地开展创新活动，持续推出差异化的产品和服务。

资源环境也是电信产业技术创新生态系统创新运行的关键环境要素。金融机构、高校和科研院所、中介机构等创新主体为系统提供了持续的创新资源环境，保障了系统内技术创新活动展开所需的一切人才、资金、技术和物质资源，大大提高了电信产业技术创新生态系统的创新效率。

5.2 电信产业技术创新生态系统的运行

电信产业技术创新生态系统运行中，电信企业与政府、高校和科研机构、中介机构相互配合，在创新动力机制、竞争与合作机制、创新收益分配机制的共同作用下，通过创新主体与创新环境的相互作用，实现了电信产业技术创新生态系统的运行（见图5.1）。在电信产业技术创新生态系统中，创新企业间的相互作用形成了企业技术创新网络。在电信企业技术创新网络中，设备供应商是上游企业；其下游企业是电信运营商，而电信运营商的下游企业是终端设备提供商、内容服务提供商和最终用户；最终用户是系统内的下游企业，其上游企业是电信运营商、终端设备提供商、内容服务提供商。在电信产业技术创新生态系统中，所有创新主体有着共同的最终目标，即为最终用户市场提供所需创新产品，为着这一共同目标，各创新主体间通过技术创新活动形成复杂的合作竞争关系。电信运营商作为系统技术创新活动的核心组织，积极引导系统内的其他创新主体融入技术创新活动中。

5.2.1 电信产业技术创新生态系统的创新动力

电信产业技术创新生态系统的创新动力推动系统内创新种群间进行互动，实现创新资源的流动，形成了种群间各式各样的相互关系。如我国原电信科学技术研究院(现为大唐移动通信设备有限公司)开发了TD-SCDMA(简称3G）技术标准，实现了对带宽和系统资源的最优利用，政府为对此项标准进行支持，通过成立了TD-SCDMA产业联盟、TD-SCDMA技术论坛等方式，推动了TD-SCDMA技术的迅速发展，这正体现了创新技术推动和政府创新政策支持对电信产业技术创新生态生态系统运行的强大动力作用。又如手机用户对智能手机的多样化需求加剧了电信产业内创新主体的竞争，市场创新收益的分割也吸引着企业家们纷纷寻求合作伙伴进行不断的技术创新，从而激发了创新主体参与市场竞争的积极性。因此，在诸多创新动力的协同作用下，电信产业技术创新生态系统的创新成果迅速增长，实现了系统突飞猛进的发展。

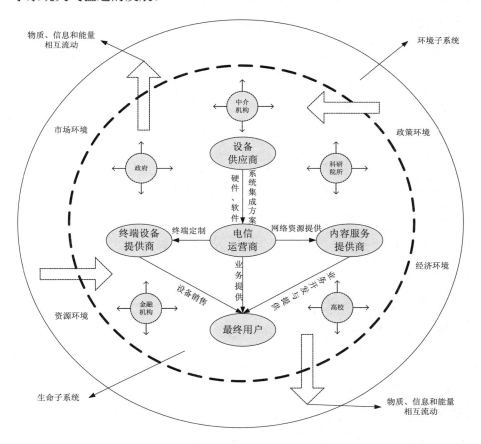

图 5.1　电信产业技术创新生态系统运行图

Fig.5.1 The Structure of Telecomminications Industrial Technological Innovation Ecosystem

5.2.2　电信产业技术创新生态系统内的竞争与合作

电信产业技术创新生态系统运行中竞争与合作是多层面的，竞争关系包括电信运营商之间争夺用户的竞争、设备供应商之间争先向电信运营商提供设备的竞争、内容服务提供商在服务方面的竞争等；合作关系包括创新企业间的合作、企业与政府的合作、产学研合作、企业和金融、中介机构等组织的合作等。电信产业技术创新生态系统中创新主体间的竞争与合作是错综复杂的，但这些关系通常都是由电信运营商主导的，尤其是运营商中的关键种企业：中国移动、中国联通、中国电信等。电信运营商的技术创新活动，带动了其上游设备供应商积极参与创新，也带动了终端设备商、内容服务提供商等下游企业开发运营商技术创新的衍生产品。如中国移动于 2004 年世界电信日首次推出第一款定制手机"心机"，是国内首次由运营商联合终端设备提供商、设备供应商、内容服务提供商等多方为客户量身定制预设品牌专属服务的手机。对于中国移动而言，终端定制这一创新行为不仅宣传了企业的品牌，赢得创新产品用户的认可，而且有助于增强其自身的渠道整合能力以及资源掌控能力，将内容服务提供商、终端设备提供商等牢牢团结在移动梦网这一移动增值服务领域。

从本书第 4 章的分析中可知，在产业技术创新生态系统运行中，创新主体间的竞争或合作关系并不是一成不变的，而且竞争与合作通常是并存的，不存在完全的竞争，竞争与合作在不同影响因素的作用下通常都是相互转化的。如腾讯的移动 QQ 曾在即时通信市场上占据绝对霸主地位，而当中国移动在 2007 年 6 月推出飞信业务后，短短几个月就造成移动 QQ 用户大量分流至飞信，由于飞信业务具有独特优势，因此对移动 QQ 的市场竞争地位造成了极大的威胁和冲击。然而当飞信业务尚未推出之时，在即时通信市场上成为两大竞争对手的中国移动和腾讯公司却又在进行深度合作，共同开发飞信 QQ，这个新业务使移动飞信借助腾讯直接获得庞大的用户群与移动即时通信技术和运营经验，而腾讯在飞信平台上提供新的无线增值服务，二者将在移动即时通信市场实现信息服务收入共享，因此形成中国移动和腾讯公司在即时通信业务领域即合作又竞争的关系。

5.2.3　电信产业技术创新生态系统内的创新收益分配

在电信产业技术创新生态系统运行中，创新收益分配机制是创新主体间开展合作创新的根本。由于通信技术的迅速发展扩展了原有电信内容，新增创新主体也扩展了许多新的价值增值环节，这些变化导致不同创新主体出现利益冲突，创新收益分配的比例不仅取决于创新主体在创新技术上贡献的多少，而且与创新主体在创新产品开发过程中同各方合作的协调能力、在创新产品市场实现中的作用等息息相关。如中国移动与腾讯公司合作开发的飞信 QQ 业务，按谈判模型来确定双方的创新收益分配，腾讯和中国移动分别从整体利润角度制定功能使用费价格和使用费分成比例，这样协商的结果使整体利润以及双方利润都能获得改进，从而实现帕累托最优。因此，这一业务必须由双方进行协商、紧密合作创造整体利润最大化之后，在此基础上进行利润的分成，从而获得各自利润的提高，而分成比例不仅取决于双方在产品开发中的贡献多少，而且受 QQ 用户量的多少、飞信用户量的多少等因素影响。

5.3　电信产业技术创新生态系统运行实证数据分析

按照第 5 章构建的产业技术创新生态运行系统评价指标体系，向电信产业技术创新生态系统的种群成员发放问卷，调查单位包括电信企业、高校、科研机构、金融机构等。问卷共收回 312 份，剔除掉有缺失数据的问卷和雷同度较高的问卷，剩余有效问卷 265 份，有效率为 84.9%。为分析调查所得数据是否可靠，是否适合用来进行评价，应先对数据进行信度和效度检验。

表5.1 信度检验评价表

Tab.5.1 The Evalution of Reliability Validity

一级指标	二级指标	序号	三级指标序号	相关系数	偏α	评价
结构维度A1	创新主体关联性	B11	C111	0.783	0.896	合理
			C112	0.814	0.889	合理
			C113	0.752	0.894	合理
			C114	0.814	0.900	合理
			C115	0.847	0.921	合理
	企业家创新精神	B12	C121	0.776	0.913	合理
			C122	0.746	0.909	合理
			C123	0.647	0.906	合理
			C124	0.687	0.929	合理
			C125	0.677	0.909	合理
	创新主体多样化	B13	C131	0.708	0.911	合理
			C132	0.783	0.908	合理
			C133	0.768	0.911	合理
	领导创新意识	B14	C141	0.867	0.891	合理
			C142	0.813	0.902	合理

（1）信度检验

信度检验采用 Cronbach's α 系数法，使用 SPSS 17.0 软件，首先将样本数据输入 SPSS 软件，建立 sav 数据文件，再通过执行 Reliability Analysis 命令，进行可靠性分析，最后得到信度系数 Cronbach's α=0.8250，较高的信度系数表明应用这个指标体系来评价电信产业技术创新生态系统运行还是比较可信的，信度分析的主要描述性统计量见表 5.1。

表 5.1 中，相关系数表示该单项三级指标与其余所有项三级指标之间的相关系数，由表中可见所有相关系数均大于 0.5；偏 α 表示删除该项指标后的信度系数 α 值，由表中可见所有偏 α 均大于 0.7。说明调查所得数据收敛性较好，可信度较高。

（2）效度检验

效度检验选取皮尔逊积差相关系数来进行分析。以体系中的一个指标为效标，就可以度量出该指标与其他指标间的相关程度。由于本调查量表采用 Likert 五点量表，数据属于定距型变量，且产业技术创新生态系统运行评价指标体系中二级指标的数量较多，因此应该选取一级指标进行效标关联效度分析。如以结构维度评分作为效标，就可以度量出其与技术维度和外部维度指标间的相关程度，以皮尔逊积差相关系数来表示，其计算公式为：

$$r = \frac{1}{n} \sum_{i=1}^{n} \left(\frac{x_i - \overline{x}}{S_x} \right) \left(\frac{y_i - \overline{y}}{S_y} \right) \tag{5-1}$$

式（5-1）中，n 为样本数，x_i 和 y_i 分别为变量的值，从（5-1）式可以看出皮尔逊积差相关系数是 n 个 x_i 和 y_i 分别标准化后的积的平均数。一般认为相关系数在 0.4 ~ 0.8 比较理想，系数值越大表明效标关联越好，有效度越高[170]。

使用 SPSS 17.0 软件进行计算，得到结构维度指标与技术维度指标的相关系数为 0.802，结构维度与外部维度指标之间的相关系数为 0.789，说明该指标体系的效标关联性较好，调查所得数据的有效度较高。

5.4　基于单一方法的电信产业技术创新生态系统运行评价

在第 5 章关于产业技术创新生态系统运行评价模型的研究中，本书选取了组合评价方法，并对组合评价法各步骤进行了简要说明。由于组合评价法需要将几种单一的评价方法进行组合，因此需要首先应用几种不同的单一评价法进行评价。本章选取了因子分析法、主成分投影法、集对分析法三种方法。

5.4.1 基于因子分析法的评价

因子分析（Factor Analysis）是利用降维方法进行统计分析的一种多元统计方法，是主成分分析的推广和发展。因子分析法最早是在 1904 年由斯皮尔曼（Charles Speaman）和皮尔逊（Karl Pearson）在一篇著名本书《对智力测验得分进行统计分析》中提出，之后被广泛应用。因子分析常用于研究相关矩阵或协方差矩阵的内部依赖关系，可以将多个变量综合为少数几个因子，以表明原始变量与因子之间的关系[162]。

5.4.1.1 因子分析的原理

设有 n 个原始变量，表示为 x_1，$x_2 \ldots x_n$，根据因子分析的要求，需要先将这些变量进行标准化，假设 n 个变量可以由 K 个因子 f_1，$f_2 \ldots f_k$ 来表示为线性组合，即

$$
\begin{aligned}
x_1 &= a_{11}f_1 + a_{12}f_2 + \cdots + a_{1k}f_4 + \varepsilon_1 \\
x_2 &= a_{12}f_1 + a_{22}f_2 + \cdots + a_{2k}f_4 + \varepsilon_2 \\
&\cdots \\
x_n &= a_{n1}f_1 + a_{n2}f_2 + \cdots + a_{nk}f_4 + \varepsilon_n
\end{aligned}
\tag{5-2}
$$

式（5-2）为因子分析的数学模型，如果利用矩阵形式表示应为 $X=AF+\varepsilon$。其中 X 为 n 维变量向量，它的每一个分量表示一个指标或变量，F 称为因子向量，每一个分量表示一个因子。由于它们出现在每个原始变量的线性表达式中，所以又称为公共因子。矩阵 A 为因子载荷矩阵，其中的元素 a_{ij} 因子载荷，ε 为特殊因子，表示原始变量中不能由因子解释的部分，均值为 0。因子分析正是通过对变量的相关系数矩阵的内部结构进行分析，从中找出少数几个能够控制原始变量的因子 f_1，$f_2 \ldots f_k$，选取公共因子的原则是尽可能包括更多的原始变量信息，建立因子分析模型，利用公共因子 f_1，$f_2 \ldots f_k$ 再现原始变量之间的相关关系，达到简化变量、减少变量维数、对原

始变量的再解释的目的[162]。

5.4.1.2 评价过程

因子分析要求原始变量之间有比较强的相关性，因此，在作因子分析时，需要对原始变量做相关分析，通常选取数据处理系统提供 KMO 和 Bartlett 检验来判断变量是否适合做因子分析：Bartlett 检验目的是确定所要求的数据是否取自多元正态分布的总体，若差异检验的 F 值显著，表明所取的数据来自正态分布总体，可以做进一步分析；KMO 检验目的是分析观测变量之间的简单相关系数和偏相关系数的相对大小来确定该数据是否适合进行因子分析，取值变化在 0-1 之间，若 KMO 过小，说明变量之间的相关性不能被其他变量解释，不适宜进行因子分析[168]。

应用 SPSS17.0 软件，计算得到电信产业技术创新生态系统样本数据的 Bartlett 检验的 F 值显著，表明所取的样本数据来自正态分布的总体，KMO 检验值为 0.726，因此适合做因子分析。利用软件中 factor 过程对数据矩阵进行处理，根据得出的方差贡献率选取 5 个因子，其累积方差贡献率高达到 84.5%，即原始指标信息仅有 15.5% 损失。接着对提出的初等因子载荷矩阵（Component Martrix）进行方差最大化正交旋转（Varimax），旋转后按各因子上各指标载荷的大小进行排序，得到因子载荷矩阵，根据各个因子及相应的贡献率，可计算得出不同指标的综合得分，得分的大小表明相应指标对电信产业技术创新生态系统运行的重要程度，结果见 5.2。

5.4.2 基于主成分投影法的评价

主成分投影法是一种多指标综合评价方法，其原理是：在对指标值进行无量纲化和适当加权处理的基础上，通过正交变换将原有的指标转换为彼此正交的综合指标，以消除指标间的信息重叠问题，并利用各主成分设计一个理想决策变量，以各个被评价对象相应的决策向量在该理想决策向量方向上的投影作为一维的综合评价指标[171-172]。

为应用主成分投影法对电信产业技术创新生态系统运行进行评价，首先应将样本数据矩阵 $X_{np}(n=265, p=58)$ 进行无量纲化和标准化，采用上一章所阐述的遗传层次分析法对各项评价指标进行赋权；其次采用雅可比方法进行正交变换，得到评价矩阵 U，U 的每一个行向量 $u_i=(u_{i1}, u_{i2}, \cdots, u_{ip})$ 对应一个评价对象，U 的每一个列向量代表由 p 个无量纲化的加权指标 z_j 的线性组合表示的一个新的综合指标；再求出各评价向量在理想评价方向上的投影：

$$D_i = u_i \sim d_0^* = \frac{1}{\sqrt{d_1^2 + d_2^2 + \cdots + d_p^2}} \sum_{j=1}^{p} d_j u_{ij}, (i=1,2,\cdots n) \qquad (5\text{-}3)$$

式（5-3）中 $d_j = \max_{1 \leq i \leq n} \{u_{ij}\} (j=1,2,\cdots, p)$，$d_0^* = \frac{1}{\|d^*\|} d^* = \frac{1}{\sqrt{d_1^2 + d_2^2 + \cdots + d_p^2}} d^*$；

最后按各评价对象投影值的大小排序，结果见表5.2。

5.4.3 基于集对分析法的评价

集对分析法由赵克勤在1989年正式提出，是指在一定的问题背景下，对集对中2个集合的确定性与不确定性以及确定性与不确定性的相互作用所进行的一种系统和数学分析。通常包括对集对中2个集合的特性、关系、结构、状态、趋势、以及相互联系模式所进行的分析；这种分析一般通过建立2个集合的联系数进行，有时也可以不借助联系数进行分析[173]。集对分析法核心思想是将确定性分成"同一"与"对立"两个方面，将不确定性称为"差异"，从同、异、反三都个方面来分析事物及其系统，同异反联系度表达式可表示为：

$$\mu = \frac{S}{N} + \frac{F}{N}i + \frac{P}{N}j \qquad\qquad (5\text{-}4)$$

式（5-4）中，N 表示集对特性总数，S 表示集对相同的特性数，P 表示集对中相反的特性数，F 表示集对中既不相同又不相反的特性数，$F=N-S-P$，i 表示差异度标示数，$i \in [-1,1]$，j 表示对立度标示数，一般 $j=-1$ [174-175]。

为应用集对分析法对电信产业技术创新生态系统运行进行评价，首先样本数据构造成评价矩阵 H_{np}，并比较评价矩阵中的指标值与最优方案中对应指标值，形成被评价对象与最优方案指标不带权的同一度矩阵 K；其次，利用第 5 章中确定的指标权重向量 w 及同一度矩阵 K 计算得到带权同一度矩阵 $R_分$（$R_分=w*K$）；再次，通过比较同一度值的大小，对 $R_分$ 进行分类整理排序得出分项评价结果；最后，由分项评价得到带权的同一度矩阵 $R_分$ 作为综合评价的输入，通过计算 $R_总=w*K$，代入指标相应的权重，即得到带权的同度一度矩阵 $R_总$，对 $R_总$ 进行分类整理排序，得出综合评价结果如表5.2。

5.5　基于组合方法的电信产业技术创新生态系统运行性评价

前文应用 3 种不同方法分别对电信产业技术创新生态系统运行进行了评价，从评价结果可以看出，不同的评价方法计算出的结果是具有一定的差异性的，为更加科学有效地进行评价，本书选取基于生态学的混合粒子群优化算法将这几种方法结合起来，从而提高评价的精度和准确性。

5.5.1　粒子群算法基本步骤与运用原理

粒子群优化算法（Particle Swarm Optimization, PSO），源于生态学中对鸟群捕食行为的研究，1995 年由 Eberhart 博士和 Kennedy 博士发明。PSO

算法是一种基于迭代的优化工具，每个优化问题的解都被看作是搜索空间中的一只鸟，被抽象为没有质量和体积的粒子，每个粒子都有自己的位置和速度，粒子在解空间中飞行，追随最优的粒子进行搜索以找到最好的位置。粒子们知道自己到目前为止所发现的最好位置（pbest），这是粒子们自己的飞行经验；也知道所有同伴们发现的最好位置（gbest），这是粒子同伴们的经验。可见 gbest 是 pbest 中的最优值，粒子们就是根据这些经验来决定下一步的飞行。为进一步提高计算的精度，本书将自然选择机理与粒子群算法相结合，其基本思想是优胜劣汰，在每次迭代中将粒子群按适应值排序，用最好的一半粒子位置和速度替换最差的一半粒子位置和速度，同时保留所有粒子记忆的历史最优值[158]。此算法的具体评价实施流程见图5.2，对各步骤的说明如下。

（1）初始化变量

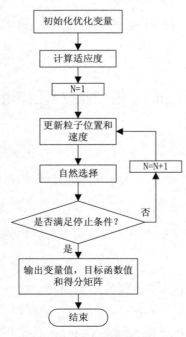

图 5.2　粒子群算法流程

Fig.5.2 Particle Swarm Optimization

在优化变量 q_k 的取值范围内随机生成一组粒子群，粒子数目为 N，第 $i(i=1\sim N)$ 个粒子的位置和速度可分别表示为 $X^i=(x_{i1},x_{i2},...,x_{in})$ 和 $V^i=(v_{i1},v_{i2},...,v_{in})$。

（2）计算适应度

通过第 5 章组合评价中的目标函数式（4-4）计算每个粒子的适应值，并记录计算结果，其中目标函数值小的个体适应度高，目标函数值大的个体适应度小。将当前各粒子的位置存储于各粒子的 pbest 中，将所有 pbest 中最优的值存储于 gbest 中。

（3）更新粒子位置和速度

对于第 i 个粒子，$p_{ij}(j=1\sim n)$ 为粒子自己经历过的最优解，即个体极值 pbest；$p_{gj}(j=1\sim n)$ 为群体找到的最优解，即全局极值 gbest；则 $p_{ij}-x_{ij}$ 和 $g_{ij}-x_{ij}$ 分别表示第 i 代个体粒子位置与自身经历过的最优位置及该代中全部粒子经历过的最优位置的距离。这种距离在速度矢量中体现，如式（5-5）、式（5-6）所示：

$$v_{ij}\ (t+1)=v_{ij}(t)+r_1[p_{ij}-x_{ij}(t)] \tag{5-5}$$

$$v_{ij}\ (t+1)=v_{ij}(t)+r_2[p_{gj}-x_{ij}(t)] \tag{5-6}$$

综合式（5-5）和式（5-6）可得到速度矢量的变化迭代公式（5-7）和位置迭代公式（5-8）：

$$v_{ij}\ (t+1)=wv_{ij}(t)+c_1r_1[p_{ij}-x_{ij}(t)]+c_2r_2[p_{gj}-x_{ij}(t)] \tag{5-7}$$

$$x_{ij}\ (t+1)=x_{ij}\ (t)+v_{ij}(t+1)\quad(i=1\sim N;j=1\sim n) \tag{5-8}$$

每个粒子正是通过上式来更新其位置和速度，式中 t 为迭代次数；w 为惯性权重，其大小决定了对粒子当前速度继承的多少，适当的选择可以使粒子具有均衡的探索能力和开发能力，本书通过常数法对惯性权重赋值；c_1 和 c_2 为学习因子，表示粒子具有自我学习和向群体中优秀个体学习的能力，通常取 c_1 和 c_2 为 2；r_1 和 r_2 为 0 到 1 之间均匀分布的随机数[176]。

（4）自然选择

对每个粒子，计算其适应值并将其与经历过的最好位置做比较，如果较好，则替换原 pbest；同理更新 gbest 值。将整个粒子群按适应值排序，用群体中最好的一半粒子位置和速度替换最差的一半粒子位置和速度，保持 pbest 和 gbest 值不变。

（5）进化迭代

判断是否满足停止条件，若符合，输出最佳变量值，即最佳个体的位置 gbest 值，结束计算；若不符合，则继续更新粒子的位置和速度，直至找到最优解。其中停止条件可根据实际问题设置，比如：设置最大迭代次数、计算时间、停滞代数和停滞时限等[176]。

5.5.2 基于粒子群算法的组合评价

上文已经分别应用因子分析法、主成分投影法、集对分析法对电信产业技术创新生态系统运行进行了评价，为采用粒子群算法实现对这 3 种方法的组合，应首先对不同方法得到的结果进行一致性检验，在 $\alpha=0.01$ 显著性水平下，得到肯达尔一致性系数 $\chi^2 = 85.67 > \chi^2_{\alpha/2,(n-1)} = 56.59$，可见一致性较理想，因此第 5 章组合评价目标函数式（4-4）中 $m=42$，$n=3$。选取初始粒子数目为 40，最大进化代数为 100，$c_1=c_2=2$，为取得最

表5.2　单一评价模型和组合评价模型评价结果
Tab.5.2 The Result of Single Method and Combination Evalution Models

评价方法 指标代号	因子分析法		主成分投影法		集对分析法		组合评价法	
	得分	排序	得分	排序	得分	排序	得分	排序
C213	0.963	3	0.964	1	0.681	9	9.666	1
C322	0.979	1	0.953	2	0.787	1	9.661	2
C214	0.976	2	0.925	3	0.769	2	9.659	3

续表一

评价方法 指标代号	因子分析法		主成分投影法		集对分析法		组合评价法	
	得分	排序	得分	排序	得分	排序	得分	排序
C221	0.961	4	0.871	7	0.751	3	9.658	4
C212	0.951	6	0.917	4	0.733	4	9.534	5
C331	0.953	5	0.898	5	0.715	5	9.530	6
C313	0.925	8	0.879	6	0.695	7	9.528	7
C125	0.931	7	0.832	9	0.671	12	9.521	8
C321	0.894	11	0.492	28	0.685	8	9.516	9
C343	0.875	15	0.841	8	0.677	10	9.508	10
C323	0.865	18	0.817	10	0.673	11	9.321	11
C222	0.856	20	0.814	11	0.669	13	9.283	12
C341	0.917	9	0.798	12	0.663	14	9.138	13
C342	0.898	10	0.784	13	0.596	16	9.131	14
C225	0.889	12	0.770	14	0.537	17	9.055	15
C231	0.884	13	0.757	15	0.534	18	9.017	16
C234	0.879	14	0.743	16	0.531	19	8.903	17
C332	0.874	16	0.729	17	0.414	29	8.827	18
C324	0.860	19	0.660	21	0.528	20	8.789	19
C113	0.871	17	0.715	18	0.525	21	8.637	20
C122	0.851	21	0.688	19	0.522	22	8.599	21
C115	0.842	22	0.674	20	0.482	23	8.561	22
C141	0.837	23	0.646	22	0.477	24	8.558	23
C312	0.834	24	0.632	23	0.473	25	8.366	24
C233	0.827	25	0.619	24	0.466	26	8.174	25
C121	0.822	26	0.605	25	0.463	27	7.982	26
C142	0.819	27	0.564	26	0.661	15	7.323	27
C131	0.817	28	0.516	27	0.431	28	7.048	28
C223	0.814	29	0.468	29	0.697	6	7.041	29
C226	0.812	30	0.444	30	0.381	31	6.842	30
C111	0.798	31	0.396	32	0.365	32	6.643	31

续表二

评价方法 指标代号	因子分析法		主成分投影法		集对分析法		组合评价法	
	得分	排序	得分	排序	得分	排序	得分	排序
C123	0.776	32	0.156	34	0.283	35	6.444	32
C124	0.756	33	0.420	31	0.398	30	6.246	33
C224	0.754	34	0.372	33	0.316	33	6.180	34
C133	0.743	35	0.203	38	0.299	34	6.114	35
C344	0.732	36	0.348	39	0.267	36	5.882	36
C325	0.721	37	0.254	37	0.250	37	5.501	37
C232	0.706	38	0.300	35	0.201	39	5.120	38
C112	0.699	39	0.213	36	0.185	40	4.739	39
C132	0.691	40	0.204	40	0.168	41	4.358	40
C114	0.683	41	0.145	42	0.152	42	3.977	41
C311	0.677	42	0.228	41	0.234	38	3.596	42
C211	0.663	43	0.180	43	0.119	43	3.215	43
相关系数	0.67576		0.83030		0.86667		0.88788	

佳优化结果，设置惯性权重从 0.8 逐渐递减到 0，进行 100 次实验，取适应度最佳的一次作为评价结果。当适应度最佳时目标函数值为 8.846×10^{-6}，此时输出最佳变量值 $q = [0.334, 0.333, 0.332]$，各评价方法得分和排序情况见表 6.2。

为比较单一评价模型结论和组合评价模型结论的一致性，采用斯皮尔曼相关系数进行相关分析。通过 SPSS17.0 软件计算 3 种单一综合评价方法和 1 种组合评价方法的排序结论之间的等级相关系数，并分别求出 4 种方法的等级相关系数平均值，结果见表 5.2。从表 5.2 可以看出，本书提出的组合评价方法一致性程度要好于其他 3 种单一综合评价方法，说明此模型能够较好的强化各评价结论中一致性程度高的评价结论，弱化一致性程度低的评价结论，使评价和排序结果更科学可信。

由表 5.2 中组合评价的得分值和表 5.7 中各项指标的权重值，通过第 5

章式（4-5）可计算得出系统运行状况指数 $w = 7.706$，可见电信产业技术创新生态系统运行状况较好。

从表 5.2 中组合评价的排序结果可以分析出各项评价指标对电信产业技术创新生态系统运行的影响程度大小。对系统影响较为显著的指标分别为关键种企业相对系统内其他企业创新能力强弱（C213）、设置专门部门对于指导与推动该系统发展的情况（322）、关键种企业应对创新市场需求变化的能力等因素（C214），影响程度最不显著的指标是系统中关键种企业数量（C211）、创新主体在同行业市场竞争中的地位（C311）、上下游创新主体之间在财务上的相互依赖情况（C114）；从二级指标的角度来看，对产业技术创新生态系统运行的影响较为显著的是关键种企业创新能力（B21）、创新政策支持（B32）和创新技术推动（B22）。下一章将分别从对系统影响显著的几个要素入手，分析并论述提高产业技术创新生态系统运行的对策建议。

5.6　本章小结

本章对电信产业技术创新生态系统运行进行了实证研究。首先对电信产业技术创新生态系统的构成进行了分析。其次，通过信度和效度检验对调查问卷所获得的数据进行分析。再次，分别用因子分析法、主成分投影法和集对分析法对电信产业技术创新生态系统的进行了评价。最后，应用粒子群优化算法对三种单一评价方法的结果进行科学组合，得到基于组合方法的系统运行评价结果，认为电信产业技术创新生态系统运行状况较好。

第6章 促进产业技术创新生态系统
稳定运行的对策

通过前文对产业技术创新生态系统运行的评价研究，以及对电信产业技术创新生态系统运行的实证分析，可知产业技术创新生态系统运行评价指标体系内的各项指标对系统运行均存在影响，且影响程度各不相同。因此，本章根据前文的相关研究结论，结合电信产业技术创新生态系统运行评价的结果，从政府和企业两个角度提出促进产业技术创新生态系统稳定运行的对策建议，以期能够有助于促进系统内成员技术创新能力的提升，获得行业竞争优势，并希望能够为我国创新政策的制定、产业技术创新生态系统的稳定运行提供借鉴。

6.1 强化政府创新政策支持作用

产业技术创新生态系统在运行过程中，无论是创新核心层高校与科研机构还是创新主体层的关键种企业、竞争企业等都与政府关系密切。产业技术创新生态系统能否稳定运行与政府的关系十分密切。只有政府充分发挥协调、引导、整合等宏观调控的作用，产业技术创新生态系统才能在一个健康的经济环境中稳定运行，才能保证系统各项功能的实现。为促进产业技术创新生态系统稳定运行，必须强化政府创新政策支持的积极作用，本书认为应从以下几个方面做出努力。

6.1.1　强化经济政策引导

（1）发挥经济杠杆作用

对产业技术创新生态系统稳定运行的支持可以通过经济杠杆来实现。政府可以利用财政政策对系统所需基础设施建设给予一定财政支持；金融机构可以对系统内的一些重点项目或综合项目给予一定的信贷优惠支持；税务部门可以通过增值税、土地使用税等税收上的优惠政策给予支持。此外，还可以设立科技风险基金，加大财政对高新技术、产业风险投资、科技研发的投入和支持力度；对于国家级重点建设项目应优先考虑纳入股市募集资金的支持领域。这些经济政策能够在很大程度上支持系统内创新主体开展创新活动，创新主体的创新积极性有所提高，也会更加积极主动争取国债和银行贷款的支持，多方开发融资渠道，增强创新企业融资规模，促进创新企业资本结构保持良好的弹性结构，从而形成良好的互动机制。通过充分发挥经济杠杆的作用，能够有效地促进财政金融政策为产业技术创新生态系统稳定运行服务。

（2）完善市场监管政策

产业技术创新生态系统内所进行的技术创新活动是市场导向的，技术创新的目的就是为了提高市场竞争力，技术创新能否成功也取决于创新活动的市场实现程度。政府应该充分发挥其引导效应，完善市场监管政策、规范竞争。可以通过政府采购和贸易管制等手段减少市场的不确定性，拉动系统内的创新主体积极开展技术创新和新产品的研发。对于那些技术含量高、市场需求预期不明朗以及产学研合作创新产品，政府应该起到表率作用，通过优先采购该创新产品的方式，帮助创新企业树立市场形象，提高相关创新产品的市场竞争力。在知识产权保护方面，可以依托《专利法》《商标法》《著作权法》等法律，制定和出台保护知识产权和促进技术创新的相关法规与条例。此外，对市场上的不正当竞争行为，必须施以必要的法律约束，形成有利于产业技术创新生态系统稳定运行的市场环境。

6.1.2 加强基础设施建设

在产业技术创新生态系统的运行过程中，创新所需基础设施的建设和完善是产业技术创新生态系统稳定运行的基础，是不可忽视的一个环节，如果基础设施建设滞后则可能成为制约产业技术创新生态系统稳定运行的瓶颈。基础设施主要包括交通运输，机场，港口，桥梁，通讯，水利及城市供排水供气，供电设施和提供无形产品或服务于科教文卫等部门所需的固定资产，这些正是产业技术创新生态系统稳定运行和创新活动开展的物质基础。目前，我国许多地方的技术创新服务基础设施建设不很完善，如创新网络和信息平台建设不到位等。政府可以通过制定相应土地政策、行政管理政策、服务政策等来加强系统创新基础设施建设。比如，应加快现代化综合交通运输体系建设，加快能源输送通道建设，加强水利基础设施建设，加强信息基础设施建设，完善信息网络服务等，还应加强技术中心、重点实验室、重点中式基地、图书馆等公共实验设施等的建设。对于重点项目，政府有关部门和项目所在地政府，要在统一协调下各司其职，各负其责，集中力量确保重点项目的顺利实施。在基础设施资金投入方面，应建立和完善政府推动与市场推动相结合的多元化的基础设施建设投融资体系。只有不断的建设和完善创新所需基础设施，才能为产业技术创新生态系统的稳定运行提供基础保障。

6.1.3　促进人才队伍建设

创新人才是产业技术创新生态系统中重要的创新资源，是系统能否稳定运行的关键要素，它决定着系统的技术创新能力和潜力。因此，为保障产业技术创新生态系统稳定、健康运行的过程，必须制定科学有效的创新人才发展战略，建设结构合理、梯次分明、素质优良的创新人才队伍。建设高水平的创新人才队伍，首先，要保证充足的人才供给。高校和科研机构是产业技术创新生态系统人才供给的重要来源，政策应通过一定的政策来促进创新企业与高校、科研机构进行产学研合作，或是将一些政府项目交给企业、高校和科研机构进行合作研发。这些合作可以更好地促进系统内的创新主体间形成良好合作互动关系，从而为系统提供专业的、充足的人才资源。其次，要鼓励创新人才流动，降低人才流动的壁垒。政府部门应本着改革创新精神，破除人才市场配置的障碍，可以在政府的权限范围内，最大限度的放宽创新型人才户口政策，完善有利于人才流动的保险、福利等社会保障系统，排除人才流动的障碍。最后，还应制定有效的人才培养与激励措施，这样才能更好地吸引外部优秀人才流入系统内，带动整个系统的创新水平的提升[97]。对于优势产业，应重点培养，政府可以通过建设和发展创业园、科技园、孵化基地、博士后工作站等途径，为各类创新人才的集聚和发展打造坚实平台。建设好创新人才队伍，能够为产业技术创新生态系统稳定运行提供人才资源保障，从而为系统稳定运行提供不竭的创新动力。

6.1.4　完善科技中介服务

科技中介服务体系是产业技术创新生态系统稳定运行的催化剂。政府应加强对科技中介机构的监督，实行法规化、规范化的管理。首先，应健全科技中介服务市场。现代市场的中介与服务机构可谓鱼龙混杂，信息市场也充满不确定性。政府可以从法律上明确科技中介机构的性质、服务对象、赔偿机制、破产制度及成立的法定程序，为科技中介服务机构提供一个公开、公平、公正的竞争环境。应制定其他相应法规，规范科技中介服务的标准、行业规则及有关从业人员的执业资格，尤其要规范科技中介机构的收费行为，从而将科技中介机构的经营和运行纳入法制化管理的轨道。其次，应完善科技中介服务门类，提高创新服务质量。可以积极发挥风险投资、科技评估、专利代理、科技招标等中介机构组织在促进科技成果转化、高端人才培育以及科技产业化中的作用。在服务方式、服务手段等方面应不断进行创新，将服务业务向技术集成、工艺配套等领域拓展，也可以参与指导创新企业建立健全创新规章制度、完善创新经营机制等项目，充实服务项目的技术内涵，满足日益多样化、高层次的服务需求。最后，政府应该建立科技中介服务机构的扶持政策。通过担保、补贴、税收、设立专项扶持资金等方式，对科技中介机构提供资金支持，促进创新成果商业化、产业化。只有形成融汇技术中介、产权交易、金融服务、人才交流、法律事务、专利事务、资产评估、风险投资等综合性服务的科技中介服务体系，才能保障产业技术创新生态系统稳定运行。

6.1.5 鼓励企业、高校与科研院所技术合作

在产业技术创新生态系统运行中，政府应加强引导高校、科研院所围绕创新企业的主要技术创新领域进行基础研究，促进创新企业与高校、科研院所进行技术合作。首先，政府应积极做好服务，有关部门要和高校、科研院所的科研管理部门建立密切的合作关系，共同打造科技合作平台，做好创新人才与创新企业的牵线搭桥工作，创造良好的合作环境，及时提

供新的科技成果，促进高校、科研院所和创新企业间的紧密联系。其次，应该加大对系统内创新企业与高校、科研院所进行技术合作开发经费投入力度。由于部分企业追求短期利润的目标，对于合作创新项目的利益滞后性兴趣不足，政府通过加大研发经费投入可以增强企业的合作创新动力，能够鼓励企业、高校和科研院所建立产品开发联合体，建立横向的多边技术协作体系；也能够鼓励建立校企联合体，使高校有产业化基地，企业有基础研究储备。最后，从机制上保证科技成果走进企业，政府可以创办成果转化基地或设立科技成果转化专项资金，纳入财政预算，重点支持企业与高校、科研院所合作成功并取得一定经济效益的项目，积极的认可与推广系统的创新成果，促进科技创新成果向创新企业迅速转移。

6.2　增强企业技术创新能力

6.2.1　充分发挥关键种企业作用

通过上文的分析，可以看出在产业技术创新生态系统运行中，关键种企业起着至关重要的作用，它是整个系统中使用和传输的物质最多、能量流动最大的企业，能够带动和牵引着其他创新主体的发展。关键种企业通常会在产业技术创新生态系统运行中自行产生，这些关键种企业不一定是规模最大的，但在系统中必然占据着无可替代的生态位，对于产业技术创新生态系统运行起着关键和重要的作用，如电信运营商中的中国电信、中国联通和中国移动。为促进产业技术创新生态系统稳定运行与发展，系统中关键种企业应充分发挥其带动和引导作用。

关键种企业应了解构建产业技术创新生态系统的重要性，加强为系统服务意识。产业技术创新生态系统之间的竞争已经逐渐成为市场竞争的主要趋势，大、中、小企业都在努力构建自己的合作网络，通过与相关企业的技术创新合作来抵抗竞争对手所带来的市场压力。作为行业内处于主导地位的关键种企业更应具备组建产业技术创新生态系统的意识和能力，了解产业技术创新生态系统的稳定运行能够实现的多种功能，如提高产业技术创新水平、提高创新资源配置效率、增强产业内创新主体间的互补性协作。并应该认识到这些功能的实现不仅能够提高关键种企业自身的创新技术水平，而且对于系统内创新主体选择合适的合作伙伴进行合作创新、加快创新产品市场实现过程等均有促进作用，同时对于加快整个产业的发展速度和扩大产业规模起着重要作用。关键种企业应力争利用系统内成员互惠共生的机制实现与系统成员协同进化与发展，带动和引导系统不同创新主体共同开展技术创新活动，促进产业技术创新生态系统的稳定运行。

6.2.2 加强企业创新技术扩散能力

在产业技术创新生态系统运行中，创新企业尤其是关键种企业的技术扩散对于整个系统的稳定运行是具有重要意义的。技术创新的信息、技术和其他资源能否及时有效地在供给者和需求者之间传递和转移，在很大程度上取决于创新提供者的技术创新成果扩散程度，包括对创新技术进行推广的积极性、技术转移和扩散渠道畅通程度及技术创新使用者对技术的吸收能力。因此，营造好技术流通的环境，强化技术创新在系统内的扩散，是推进产业技术创新生态系统稳定运行的重要环节。

（1）着力提高创新技术扩散速度和成功率

技术创新提供者是创新扩散的源头，其创新技术扩散的主动性和积极性严重影响着创新成果在产业技术创新生态系统内的扩散速度和成功率。

因此，创新企业尤其是关键种企业作为产业技术创新生态系统中举足轻重的核心，应积极进行创新成果推广，提供技术创新交流平台，邀请系统内其他创新个体进行技术创新交流，在这个过程中尤其要注重对创新提供者创新效益和知识产权的保护，以激励潜在创新成果提供者对创新扩散的积极性。一般来说，创新技术最先沿技术梯度最小的方向传递给第一个技术势差最小的潜在采用者，该采用者接受创新技术后就跃升为新的扩散源，随着越来越多的潜在采用者采用了创新技术，扩散源范围也就越来越大，直至所有潜在采用者都应用了该创新技术[177]。可见，技术水平越高的潜在采用者越容易获得创新技术，亦即技术势差越小越容易实现技术转移。为持续提高整个产业技术创新生态系统的创新技术扩散成功率，创新技术的需求者应该提高自身发现和确认相关技术和信息的能力以及知识的吸收能力，创新技术提供者也应与系统内的其他成员企业建立良好合作关系，从而让技术创新采纳者对技术的发展前景和先进性有更深的了解，促进技术创新在系统内的扩散，为产业技术创新生态系统稳定运行提供创新动力支持[178]。

（2）建立多元化服务的创新技术扩散渠道

创新企业应注重拓宽技术创新渠道，建立完备、通畅的技术创新扩散渠道能够加快技术扩散速度，加快创新技术向需求企业转移。首先，加快产品流动。产品是创新技术的载体，创新产品及半成品的流动，能够促进创新企业开展间的模仿行为，这种模仿行为就是一种技术创新扩散[179]。当某项创新产品率先推出后会起到良好的示范作用，随着模仿高潮的结束，新技术占据市场，旧的技术被市场淘汰，直到下一轮创新技术的出现。这种循环往复促进了技术创新的扩散。其次，注重与科技中介的合作。科技中介在创新技术产生直至实现产业化的过程中，为创新企业或机构提供咨询、信息、场所、技术评估、产权交易、技术培训等方面的服务，起着沟通供需双方的桥梁作用。因此创新企业应大力发展和科技中介的合作，如扩大创新技术信息咨询的范围，增加创新技术培训课程等途径。通过与科技中介的合作，能够更好地连接科研院所、企业、政府等机构，也利于把知识连同人力、资源和资本优化组合。最后，加强企业间的技术联盟。基于技术联盟的技术创新扩散可以促进联盟企业间的进行技术交流与合作，充分分享创新技术生产方的技术及成果，共担财务成木，降低经营风险，通过双方的长期合作与交流，可以提高双方创新企业的竞争力，并为下一次技术合作奠定了基础。建立完备的、通畅的、多元化的技术创新扩散渠道能够加快系统的技术创新扩散，从而提高产业技术生态系统的创新技术水平，为系统稳定运行提供创新动力支持。

6.2.3　加强企业技术创新管理能力

在产业技术创新生态系统运行中，企业种群作为技术创新的重要主体，应将促进技术创新发展作为一项长期的战略。一方面，注重培养和造就一批具有敏锐的创新管理意识、创新精神强的企业家队伍。企业家与企业的普通管理者差别之处在于其应能够及时感觉并捕捉住各种创新机会，及时采取创新管理行为获取创新利润。企业家在技术创新管理过程中扮演着多种角色，如技术创新管理活动的倡导者、技术观念的创新管理者、技术手段创新管理的投资者、技术创新管理成果的采用与推广者、技术创新管理活动的组织者等。企业家通过权利、感召力和创新管理精神，培育和建立有利于技术创新管理活动场所的氛围，通过自己卓越的管理才能，创造性地利用企业资源开拓商品市场，组织和管理企业技术创新管理活动。另一方面，产业技术创新生态系统内成员企业应设立专门技术创新管理机构，营造良好学习环境，以推动和促进技术创新活动的持续良好开展。企业应充分利用系统创新资源和先进创新企业的管理经验，积极创造与系统内其他创新主体的合作机会，不断积累经验和知识，培育自身的技术创新管理能力。企业技术创新管理能力的提高，有利于企业家创新精神的培育，能够促进创新资源进行更有效的配置，提高技术扩散的成功率，从而为产业技术创新生态系统稳定运行提供持续不断的创新动力。

6.3　本章小结

本章在前文的评价分析结果基础上，有针对性地从政府和企业两个方面提出了促进产业技术创新生态系统稳定运行的对策建议。首先，从强化经济政策引导、加强基础设施建设、促进人才队伍建设、完善科技中介服务和鼓励企业和高校与科研院所技术合作五个角度论述了如何强化政府创新政府引导作用。其次，从充分发挥关键种企业作用、加强企业创新技术扩散能力和增强企业技术创新管理能力三个角度，论述了如何增强企业技术创新能力。

结　论

本书基于生态学、系统科学、技术创新学、耗散结构等理论，对产业技术创新生态系统运行的相关问题展开了研究。论述了产业技术创新生态系统的结构，探讨了产业技术创新生态系统运行的三大机制，分析了运行中的关键要素及其相互作用关系，构建了产业技术创新生态系统稳定运行关键要素的结构模型，构建了产业技术创新生态系统运行评价指标体系及评价模型，并提出了促进产业技术创新生态系统稳定运行的对策。本书的研究主要得出以下结论：

（1）产业技术创新生态系统由生命子系统和环境子系统构成，系统具有提高产业技术创新水平、提高创新资源配置效率和加强系统内协作创新的功能。由于产业技术创新活动与生态系统的行为特征具有许多相似性，本书提出了产业技术创新生态系统的内涵。产业技术创新生态系统由生命子系统和环境子系统构成，生命子系统包括关键种企业、竞争企业、供应企业、配套企业、用户等成员种群，也包括高校和科研机构等技术开发类组织，环境子系统包括政策、经济、资源和市场等环境。产业技术创新生态系统具有复杂性、动态性、开放性等特征，并具有提高产业技术创新水平、提高创新资源配置效率和降低技术创新风险的功能。

（2）产业技术创新生态系统在运行中具有耗散结构特性。耗散结构是在远离平衡区的非线性系统中所产生的一种稳定化的自组织结构，其形成与维持至少需要具备三个基本条件：系统必须是开放系统，系统远离平衡态，系统中存在的非线性相互作用。产业技术创新生态系统是个开放系统，其开放性体现在生产、营销、管理的各个方面；产业技术创新生态系统内创新主体发展经历千差万别，这些差异促使产业技术创新生态系统愈加远离平衡；产业技术创新生态系统的运行中不同子系统、不同个体之间在进行着无休止的碰撞、交流，形成各种涨落；产业技术创新生态系统在运行中各种要素相互作用、相互影响形成复杂的非线性相互作用。

（3）产业技术创新生态系统的运行是在创新动力机制、竞争与合作机制和创新收益分配机制的共同作用下实现的。产业技术创新生态系统的运行是个连续过程，三大运行机制发挥着不同的作用，却又彼此联系、相互作用。创新动力机制促使产业技术创新生态系统产生强劲的发展力，科学的合作与竞争机制是产业技术创新生态系统高效运作的保证，合理的创新收益分配机制是产业技术创新生态系统顺利发展的纽带。系统运行中不同创新主体发挥着各自的特长和优势，在创新动力机制、竞争与合作机制、创新收益分配机制的共同作用下实现系统的整体运行。

（4）产业技术创新生态系统运行中的各项关键要素之间具有非线性相互作用，共同影响系统运行。产业技术创新生态系统运行机制中的关键要素共11项，分别分布在三个维度上：结构维度、技术维度和外部维度。结构维度上分布的关键要素有创新主体关联性、企业家创新精神、创新主体多样化和领导创新意识，技术维度上分布的关键要素有关键种企业创新能力、创新技术推动和创新资源保障，外部维度上分布的关键要素有创新收益驱动、创新政策支持、创新需求拉动和市场竞争牵引。这11项关键要素间相互作用、相互激发、在系统内形成非线性相互作用，共同影响着产业技术创新生态系统运行。

（5）对电信产业技术创新生态系统运行影响较为显著的三个指标分别是关键种企业创新能力、创新政策支持和创新技术推动。从电信产业技术创新生态系统的构成出发，指出其生命子系统由创新核心层、创新企业层和创新辅助层构成，其环境子系统由政策、经济、资源和市场等环境组成。对电信产业技术创新生态系统问卷调查的样本数据进行分析，并应用因子分析法、主成分投影法和集对分析法分别性进行评价，再应用粒子群优化算法对三个单一评价方法进行科学组合，实现对电信产业技术创新生态系统运行的组合评价，得到结论认为对电信产业技术创新生态系统运行影响较为显著的三个指标分别是关键种企业创新能力、创新政策支持和创新技术推动。

虽然本书基于理论和实证研究，取得了一些研究成果，但是本书尚存在一些有待完善之处。第一，在内容上，本书对产业技术创新生态系统的研究仅是基于其运行机制的，从其他角度还有待于进一步研究。第二，在案例研究上，本书仅选取了电信产业为典型案例，而产业技术创新生态系统运行理论尚需通过更多的实证案例进行深入研究和论证。

参考文献

［1］Adner R. Match your innovation strategy to your innovation ecosystem ［J］. Harv Bus Rev, Apr 2006;84（4）:98-107; 48.

［2］约瑟夫·熊彼特.经济发展理论［M］:北京:北京出版社; 2008.9.

［3］Freeman C, Soete L.The economics of industrial innovation ［M］. 3rd ed. Cambridge, Mass.: MIT Press; 1997.

［4］庄卫民.产业技术创新［M］:上海:东方出版社; 2005.

［5］吴友军.对我国 IT 产业技术创新能力的探讨［J］.中国软科学,2003（04）.

［6］Porter G.Barley cultivation for beer on the Jos Plateau : agricultural innovation as a response to structural adjustment ［M］: Dept, of GeographyDept. of Gepgraphy & Planning, University of JOS （Nigeria）; 1991.

［7］肖鹏,刘兰风,魏峰,张治栋.区域高技术产业技术创新能力的比较研究[J].统计与决策, 2016, （09）:114-116.

［8］白恩来,赵玉林,徐博.高技术产业技术创新绩效路径研究［J］.科学管理研究, 2015, （01）:32-35.

［9］段婕;梁绮琪基于因子分析法的产业技术创新绩效评价研究——以陕西省装备制造业为例,科技管理研究, 2014-07-20

［10］郑树旺,徐振磊.基于 PLS 的东北三省高技术产业技术创新能力及其评价［J］.科技管理研究, 2016, （19）:86-93.

［11］王敏,辜胜阻.中国高技术产业技术创新能力的实证分析［J］.中国科技论坛, 2015, （03）:67-73.

［12］Henisz WJ.Politics and international investment : measuring risks and protecting profits［M］. Cheltenham, UK ; Northampton, MA: E. Elgar; 2002.

［13］高敏. 关于电子产业技术创新影响因素的实证分析［J］. 经济经纬，2004（01）.

［14］汪方胜 蒋. 我国产业技术创新能力的若干思考［J］. 商业研究，2005（01）.

［15］李煜华，王月明，胡瑶瑛. 基于结构方程模型的战略性新兴产业技术创新影响因素分析［J］. 科研管理，2015，（08）:10-17.

［16］Freeman C.Technology, policy, and economic performance : lessons from Japan［M］. London ; New York: Pinter Publishers; 1987.

［17］李正风 曾. OECD 国家创新系统研究及其意义——从理论走向政策［J］. 科学学研究，2004（02）.

［18］Bengt-Ake L.National Systems of Innovation［M］: Printer Publisher; 1992.

［19］崔新健，章东明. 国家创新系统的开放性研究［J］. 中国科技论坛，2016，（06）: 5-10.

［20］霍烽. 国家创新系统的仿真分析科技管理研究 .2013-10-08

［21］张杰柳. 国家创新系统模型浅议［J］. 科技管理研究，2003（05）.

［22］Liu X WS. Comparing innovation systems: a framework and application to Chinas transitional context［J］［J］. Research Policy,2001,30（7）:1091-114.

［23］Furman J L PME, Stern S. The determinants of national innovative capacity［J］. Research Policy, 2002, 31 （6）:899-933.

［24］Nasierowski W AFJ. On the efficiency of national innovation systems［J］. Socio-Economic Planning Sciences,2003,37（3）:215-34.

［25］Chang P L SH-Y. The Innovation systems of Taiwan and China: a comparative analysis［J］. Technovation,2004, 24（3）:529-39.

［26］平力群. 创新激励、创新效率与经济绩效——对弗里曼的日本国家创新系统的分析补充［J］. 现代日本经济，2016，（01）:1-10.

［27］温珂，苏宏宇，Scott Stern. 走进巴斯德象限：中科院的论文发表与专利申请［J］. 中国软科学，2016，（11）:32-43.

［28］王凯，邹晓东 . 由国家创新系统到区域创新生态系统——产学协同创新研究的新视域［J］. 自然辩证法研究，2016，（09）:97-101.

［29］胡晓鹏 . 技术创新与文化创意：发展中国家经济崛起的思考［J］. 科学学研究，2006（01）.

［30］Intarakumnerd P CP, Tangchitpiboon T. . National innovation system in less successful developing countries: the case of Thailand［J］. research policy,2002,31（8）:1445-57.

［31］B. VE. National Learning Systems: A new approach on technological change in late industrializing economies and evidence from the cases of Brazil and South Korea［J］. Technological Forecasting &Social Change,2012,69（7）:653-80.

［32］Lee J-D PC. Research and development linkages in a national innovation system: Factors affecting success and failure in Korea［J］. Technovation,2013,26（9）:1045-54.

［33］马艳艳；孙玉涛；徐茜 . 国家创新系统运行协调度测度模型及实证 . 科学学与科学技术管理 . 2013-09-10

［34］宋伟；张华伦；曹镇东；宋晓燕 . 知识流动视角下我国国家创新系统的演进历程 . 科技管理研究 . 2013-07-23

［35］王伟军 . 加强知识产权保护促进国家创新体系建设［J］. 科技进步与对策，2000，（07）:122-23.

［36］Cooke PMGU. Regional innovation system:institutional and organizational dimensions［J］. Research-Policy, 1992.

［37］Doloreux. What we should know about regional systems of innovation［J］. Technology in Society, 2002, 24（3）:243-63.

［38］张敦富 . 知识经济与区域经济［M］. 北京：中国轻工业出版社； 2000.

［39］周亚庆，张方华 . 区域技术创新系统研究［J］. 科级进步与对策，2001，（02）:44-45.

[40] 黄鲁成.关于区域创新系统研究内容的探讨 [J].科研管理, 2000,（21）:43-48.

[41] 王帅.开放式创新视角下区域创新系统演化机制及其绩效影响因素研究 [D].中国科学技术大学, 2016.

[42] 刘明广.区域创新系统绩效评价的影响因素实证研究[J].工业技术经济, 2013,（07）:52-59.

[43] R. S. Innovation networks and regional development—evidence from the European Regional Innovation Survey（ERIS）[J].Eur Planning Stud, 2000（8）:389–407.

[44] 鲁继通.京津冀区域科技创新效应与机制研究 [D].首都经济贸易大学, 2016.

[45] S.Chung. Building a national innovation system through regional innovation systems [J].Technovation, 2002, 22（8）:485-91.

[46] 胡照阳.成都市区域创新系统建设研究 [D].西南交通大学, 2015.

[47] 张小峰, 孙启贵.区域创新系统的共生机制与合作创新模式研究 [J].科技管理研究, 2013,（05）:172-177.

[48] 邓诗懿.广东省区域创新系统中的产学研模式研究 [J].经济研究导刊, 2012,（16）:172-173.

[49] 柳卸林.区域创新体系成立的条件和建设的关键因素 [J].中国科技论坛, 2003,（01）:18-22.

[50] 张文敬, 张一欣.中山开放式区域创新体系的构建.科技管理研究.2014-12-20

[51] 戴诗茜, 史莉桦, 胡甜.昆明区域创新系统视角下的政策环境建设现状与对策研究 [J].科技创新导报, 2014,（09）:180-181.

[52] Holbrook A WD.Knowledge, clusters and regional innovation: economic development in Canada [M]: Kingston, Ontario: Queen's School of Policy Studies; 2002.

［53］D. W.Clusters old and new: the transition to a knowledge economy in Canada's regions ［M］: Kingston, Ontario: Queen's School of Policy Studies; 2003.

［54］古耀杰，任艳珍．人力资本视阀下产业集群与区域创新系统耦合机制研究 ［J］．科学管理研究，2016，（01）:62-66.

［55］李治国，邓雅文．产业集群转型升级视阙下的区域创新平台构建——以青岛西海岸经济新区为例 ［J］．科技管理研究，2015，（02）:157-164.

［56］李祖辉．探讨区域创新系统中产业集群的作用路径 ［J］．中小企业管理与科技（中旬刊），2015，（09）:130.

［57］魏江，陶颜，胡胜蓉．创新系统多层次架构研究 ［J］．自然辩证法通讯，2007，（4）:37-43.

［58］崔浩敏．基于产业集群的区域创新系统研究 ［D］．山西大学，2007.

［59］F. M. Sectoral systems of innovation and production ［J］．Research Policy，2002, 31:247-64.

［60］F. M. Sectoral systems of innovation: A framework for linking innovation to the knowledge base, structure and dynamics of sectors' economics of innovation and new technology ［J］．Economics of Innovation and New Technology,2005, 14 （1-2）:63-82.

［61］姜红，陆晓芳．基于产业技术创新视角的产业分类与选择模型研究 ［J］．中国工业经济，2010，（09）:47-56.

［62］张治河．面向"中国光谷"的产业创新系统研究 ［D］．武汉理工大学，2003.

［63］徐建中，王纯旭．基于二象对偶与熵权法的区域高技术产业创新系统协同度测度研究 ［J］．理论探讨，2016，（04）:164-167.

［64］杨武，杨淼．基于产业创新系统的创新驱动发展案例研究 ［J］．科技进步与对策，2015，（17）:67-72.

［65］刘明广．区域创新系统的创新效率动态评价——基于省级面板数据的实证研究．科技管理研究．2015-01-10

［66］于焱，孙会敏 . 基于 DEA 分析法的产业创新系统效率评价方法研究［J］.
科技管理研究，2010，（2）:53-55.

［67］李巍，郗永勤 . 战略性新兴产业创新系统协同度的测度［J］. 统计与决策，
2017，（02）:60-63.

［68］姜江 . 长株潭产业集群创新系统研究［D］. 中南大学，2013.

［69］R.Narula. Innovation systems and 'inertia' in R&D location: Norwegian
firms and the role of systemic lock-in［J］. Research Policy, 2002, 31
（5）:795-816.

［70］李锐 . 企业创新系统自组织演化机制及环境研究［D］. 哈尔滨工业大学，
2010.

［71］Robert H. Allen RDS. The Role of Standards in Innovation［J］.
Technological Forecasting and Social Change, 2000, 64（2-3）:171-81.

［72］陈强，李伯文，刘笑 . 知识密集型服务业创新生态系统结构解析、问
题诊断及其优化——以"环同济"为例［J］. 科技管理研究，2017，
（01）:99-104.

［73］黄鲁成 . 区域技术创新系统研究：生态学的思考［J］. 科学学研究，
2003，21（2）215-19.

［74］王文亮，陈亚男，肖美丹，沙德春 . 产学协同创新生态机制理论假设与
结构模式分析［J］. 河南农业大学学报，2016，（02）:288-294.

［75］何向武，周文泳，尤建新 . 产业创新生态系统的内涵、结构与功能［J］.
科技与经济，2015，（04）:31-35.

［76］Glimstedt H. Competitive dynamics of technolngical standardization: The case
of third general cellular communications［J］. Industry and Innovation, 2001
（4）: 8-10.

［77］陆燕春，赵红，吴晨曦 . 创新范式变革下区域创新生态系统影响因素研
究［J］. 企业经济，2016，（03）:168-173.

［78］宁钟 . 创新集群与知识溢出集中化问题分析［J］. 科研管理，2005（2）:25-27.

［79］韦铁，罗秋月，何明．资源约束下区域技术创新生态系统演化影响因素研究——以广西北部湾经济区为例［J］．改革与战略，2015，（12）:94-99

［80］Paul Tracey GLCA. networks and competitive strategy: rethinking cluster of innovation ［［J］. Growth and Change, 2003, 34（1）:1-16.

［81］杨剑钊，李晓娣．高新技术产业创新生态系统运行机制［J］．学术交流，2016,（08）:134-139.

［82］赵广凤，马志强，朱永跃．高校创新生态系统构建及运行机制［J］．中国科技论坛，2017，（01）:40-46.

［83］张笑楠．战略性新兴产业创新生态系统构建与运行机制研究［J］．技术与创新管理，2016，（06）:595-600+618.

［84］张利飞.高科技产业创新生态系统耦合理论综评［J］.研究与发展管理，2009.6.

［85］王发明，刘丹．产业技术创新联盟中焦点企业合作共生伙伴选择研究［J］.科学学研究，2016，（02）:246-252.

［86］崔小委，吴新年．产业技术创新模式的发展脉络与演进分析［J］．中国科技论坛，2016，（01）:31-37.

［87］罗天强，李成芳．论产业技术创新［J］．自然辩证法研究，2002，11:69-71.

［88］李煜华，王月明，胡瑶瑛．基于结构方程模型的战略性新兴产业技术创新影响因素分析［J］.科研管理，2015，（08）:10-17.

［89］冯晓青．国家产业技术政策、技术创新体系与产业技术创新战略联盟——兼论知识产权战略的作用机制［J］.当代经济管理，2011（08）.

［90］韩兴国．生态学未来之展望 -- 挑战、对策与战略［M］．北京：高等教育出版社，2012

［91］龙跃，顾新，张莉．产业技术创新联盟知识交互的生态关系及演化分析[J].科学学研究，2016，（10）:1583-1592.

［92］徐建中，王纯旭．基于粒子群算法的产业技术创新生态系统运行稳定性组合评价研究——以电信产业为例［J］.预测，2016，（05）:30-36.

［93］陈瑜，谢富纪，张以彬．战略性新兴产业技术创新的生态位演化［J］．科技管理研究，2016，（23）:6-10.

［94］魏宏森．系统论［M］．西安：世界图书出版公司 2009

［95］陈一鸣，杜德斌，张建伟．区域创新环境与上海研发产业因果关联机制研究［J］．软科学，2011（08）.

［96］李煜华，王月明，胡瑶瑛．基于结构方程模型的战略性新兴产业技术创新影响因素分析［J］．科研管理，2015，（08）:10-17.

［97］林婷婷．产业技术创新生态系统研究［D］．哈尔滨工程大学博士学位论文，2012:80-81

［98］Albee PB，Freeman KC.Shadow of Suribachi: raising the flags on Iwo Jima［M］．Westport, Conn. Praeger, 2005:xvii, 174 p.

［99］王冰．论消费者在市场经济中的重要作用［J］．云南社会科学，2004（5）:16-20.

［100］陈瑞华．控制工程基础［M］．北京：机械工业出版社，2012

［101］马知恩，周义仓．常微分方程定性与稳定性方法［M］．北京：科学出版社，2016

［102］G. WJ. Paradigm shift in ecology:an overview［J］．Acta EcologicaSinica，2012;16（5）:449-59.

［103］Volker Grimm CW. Babel, or the ecological stability discussions: an inventory and analysis of terminology and aguide far avoiding confusion［J］．Oecologia,2010:109: 323-34.

［104］Zhang JY ZH. Review on the study of vegetation stability［J］．Chinese Journal of Ecology, 2003. 22 （4）:42-48.

［105］李医民，李鑫，华静-.基于复杂网络的生态系统稳定性与生态多样性［J］．生态学杂志，2014，33（6）:1700-1706

［106］肖忠东．工业生态制造中物质剩余理论研究［D］．西安：西安交通大学博士论文，2002

[107] 林育真，付荣恕. 生态学［M］. 北京：科学出版社，2015，12

[108] 邓华. 我国产业生态系统（IES）稳定性影响因素研究［D］. 大连：大连理工大学博士学位论文，2006:18-20

[109] 蔡继荣，靳景玉. 均势战略联盟及其作为联盟稳定性条件的机理分析［J］. 科技进步与对策，2013，（24）:26-31.

[110] MS Lewandowska，M Szymuratyc，T Gołębiowski，AG Woodside. Innovation complementarity, cooperation partners, and new product export: Evidence from Poland ［J］. Journal of Business Research, 2016, 69（9）:3673-3681

[111] 杨震宁，李东红，曾丽华. 跨国技术战略联盟合作、动机与联盟稳定：跨案例研究［J］. 经济管理，2016，（07）:48-59.

[112] 龙跃，顾新，张莉. 产业技术创新联盟知识共享的两阶段博弈分析［J］. 科技进步与对策，2016，（20）:69-75.

[113] J Luft. Cooperation and competition among employees: Experimental evidence on the role of management control systems ［J］. Management Accounting Research, 2016, 31:75-85

[114] 公彦德，达庆利. 不同物流模式下的再制造补贴机制和供应链稳定性研究［J］. 管理工程学报，2016，（01）:140-146.

[115] 公彦德，达庆利. 基于回收成本分摊的闭环供应链稳定性研究［J］. 统计与决策，2015，（18）:43-47.

[116] 朱宝彦. 张庆灵. T-S 模糊广义系统的耗散分析及控制［M］： 2016

[117] 吴彤. 自组织方法论研究［M］. 北京：清华大学出版社，2001

[118] 郑国华. 基于稳定性的供应链动作机制研究［D］. 长沙：中南大学博士学位论文，2009

[119] 沈小峰. 混沌初开—自组织理论的哲学探索［M］. 北京：北京师范大学出版社，2008

[120] 吴颖，车林杰. 耗散结构理论视角下的协同创新系统耗散结构判定研究

[J].《科技管理研究》，2016，36（10）:186-190

[121] 王萌萌，马超群，姚铮.创新资源集聚水平对高技术产业创新绩效影响的实证研究 [J].科技管理研究，2015，（09）:13-19+26.

[122] 李杨.国有企业和民营企业运行机制的比较分析 [D].长沙:湖南大学，2005

[123] 李玉琼.网络环境下企业生态系统的适应性创新机制研究 [D].长沙:中南大学，2005

[124] 柳卸林.技术创新经济学 [M].北京:清华大学出版社，2014

[125] 孙冰，李柏洲.企业技术创新动力综合评价研究 [J].哈尔滨工程大学学报，2005（26）:827-31.

[126] 许小东.技术创新内驱动力机制模式研究 [J].数量经济技术经济研究，2002（3）:76-78.

[127] 赵志强，杨建飞.基于知识产权视角的企业技术创新动力研究 [J].北华大学学报（社会科学版），2011（05）.

[128] 成斌.产业集群创新的动力机制研究 [D].电子科技大学，2008

[129] 杜伟.企业技术创新动力的基本构成分析及现实启示 [J].软科学，2005（04）.

[130] 欧阳新年.企业技术创新动力与利益激励机制 [J].科学管理研究，2004（03）.

[131] 万君康，王开明.论技术创新的动力机制与期望理论 [J].科研管理，1997（2）:31-35.

[132] 刘渐和，王德应.股权结构与企业技术创新动力——基于双重代理理论的上市公司实证研究 [J].西安财经学院学报，2010（03）.

[133] 米哈尔科（美）.创新精神 [M].北京:新华出版社，2004

[134] 程虹，韩笑.企业家创新精神:来自企业家年龄效应的解释——基于2015年中国企业—员工匹配调查（CEES）的实证分析 [J].中南财经政法大学学报，2016，（04）:96-103+121+160.

［135］丁栋虹.企业家精神：全球价值链的道商解析［M］.上海：复旦大学出版社，2015

［136］朱斌，欧伟强.基于系统动力学的企业主流与新流创新动态演进研究［J］.科技进步与对策，2017，（01）:66-74.

［137］周竺.创新收益占有与技术创新［M］.北京：中国社会科学出版社，2010

［138］成良斌.论技术创新与技术创新政策之间的关系［J］.科技管理研究，2009（02）.

［139］王亮.基于资源要素投入的区域创新系统的创新机制研究——以上海为例［J］.现代管理科学，2011（8）.

［140］赵昱，杜德斌，柏玲，张祥，石奇.国际创新资源流动对区域创新的影响［J］.中国科技论坛，2015，（02）:97-101.

［141］张震宇.基于开放式创新模式的企业创新资源构成、特征及其管理［J］.科学学与科学技术管理，2008（11）:61-64.

［142］Mcleanzh 主编.陶毅，王百桦译 RMA.理论生态学 -- 原理及应用［M］.北京：高等教育出版社，2010

［143］扬戈逊，班道雷切编著.何文珊，陆健健，张修峰译.生态模型基础［M］.北京：高等教育出版社，2008

［144］尚玉昌.普通生态学［M］.北京：北京大学出版社，2010:28-30

［145］王慧军.企业间合作创新机制研究［D］.长春：吉林大学，2010

［146］范如国.博弈论［M］.武汉：武汉大学出版社，2011

［147］苏先娜，谢富纪.产学合作技术创新策略与收益分配博弈分析［J］.研究与发展管理，2016，（06）:10-18.

［148］梁招娣，陈小平，孙延明.基于多维度 Nash 协商模型的校企合作创新联盟利益分配方法［J］.科技管理研究，2015，（15）:203-207.

［149］金波.区域生态补偿机制研究［M］.北京：中央编译出版社，2012

［150］白列湖.协同论与管理协同理论［J］.甘肃社会科学，2007（5）:228-30.

［151］乌杰．系统哲学之数学原理［M］．北京：人民出版社，2013

［152］雷英杰，张善文.MATLAB 遗传算法工具箱及应用［M］．西安：西安电子科技大学出版社，2014

［153］孙宏才，田平，王莲芬．网络层次分析法与决策科学［M］．北京：国防工业出版社，2011

［154］李晓峰，徐玖平．基于 AHP-Fuzzy 方法的企业技术创新能力评估模型的建立及其应用［J］．数学的实践与认识，2004（04）．

［155］公彦德，达庆利．基于回收成本分摊的闭环供应链稳定性研究［J］．统计与决策，2015，（18）:43-47.

［156］崔颖．基于层次分析法的河南科技创新人才创新能力评价研究［J］．科技进步与对策，2012（6）:112-16.

［157］彭国甫，李树丞等．应用层次分析法确定政府绩效评估指标的权重研究［J］．中国软科学，2004（6）:56-59.

［158］张志涌，杨祖樱.MATLAB 教程［M］．北京：北京航天航空大学出版社，2015

［159］刘泽双，章丹，康英．基于遗传算法的模糊综合评价法在科技人才创新能力评价中的应用［J］．西安理工大学学报，2008（3）:376-81.

［160］梁燕，耿燕等．基于层次分析法的高校科技创新能力评价指标体系研究［J］．科学学与科学技术管理，2009（5）:194－96.

［161］赖国毅，陈超.SPSS 17.0 中文版常用功能与应用实例精讲［M］．北京：电子工业出版社，2010

［162］何晓群．多元统计分析（第三版）［M］．北京：中国人民大学出版社，2012:78-80

［163］毛培培．面向产业创新升级的企业规模质量概念界定与量表开发［D］．东北财经大学，2016.

［164］钟祖昌．基于 SBM 法的我国区域创新效率的测度［J］．统计与决策，2012（13）:101-104.

［165］俞立平，潘云涛．基于 DEA 与 BP 神经网络的科技投入评价研究［J］．科技管理研究，2009（6）:143-46.

［166］姚平，梁静国．基于遗传算法的煤炭城市发展水平组合评价研究［J］．生态经济，2008（9）:53-55.

［167］徐建中，王纯旭．产业自主创新能力自适应遗传算法组合评价［J］．哈尔滨工程大学学报，2016，（10）:1460-1466.

［168］（德）哈德勒，（比）西马工著，陈诗一译．应用多元统计分析（第 2 版）［M］．北京：北京大学出版社，2011

［169］范云翠．电信产业价值链主体的合作竞争机制［D］.吉林大学博士学位论文，2009

［170］何晓群．多元统计分析（第三版）［M］．北京：中国人民大学出版社，2012:86-89

［171］孙冰，齐中英．主成分投影法在企业技术创新动力评价中的应用［J］．系统工程理论方法应用，2006（3）:285-88.

［172］李煜华，綦良群．基于主成分投影法的东北老工业基地产业集群伙伴选择研究［J］.科学学与科学技术管理，2010（4）:95-98.

［173］刘秀梅，赵克勤．区间数决策集对分析［M］.杭州：科技出版社，2014

［174］黄德才，陈姜倩．基于集对分析的信任评估模型及其在服务选择中的应用［J］.计算机科学，2012（1）:210-14.

［175］孙冰，吴勇．基于集对分析法的地区大中型工业企业自主创新能力评价［J］．价值工程，2007（2）:49-51.

［176］龙松．大学数学 MATLAB 应用教程［M］.武汉大学出版社，2014-07-01

［177］汪明月．新兴产业发展的技术要素供给研究［D］.南昌航空大学，2016.

［178］李金勇，胡伟清．技术创新扩散的动力机制研究［J］.技术经济与管理研究，2015，（10）:19-22.

［179］吕友利．高新技术企业技术创新扩散路径研究［D］.成都：西华大学硕士学位论文，2010

致　谢

　　光阴似箭，博士学位论文的研究和撰写工作终于接近尾声。回首来时的路，百感交集，其中的甘苦仍历历在目。没有导师的指导与鼓励，没有同学朋友的无私帮助，没有家人的照料与支持，我无法一路走到今天，在此向你们表示衷心的感谢。

　　首先，要感谢我的导师徐建中教授。在我攻读博士学位期间，徐老师渊博的知识、深厚的学识、严谨的治学态度和高尚的人格魅力给予我如同灯塔般的范引，是我在学业上学习的楷模和目标。"师者，所以传道授业解惑也。"徐老师在我学术研究、学位论文选题及撰写等多个方面均给予了悉心的指导，并在写作过程中多次展开讨论，为本书顺利完成提出了宝贵的意见和建议。同时，徐老师不仅在学业上给予我鞭策和勉励，而且在生活上给予我很多的关心和帮助，对此我将永远铭记在心，并再次献上最诚挚的谢意！

　　其次，我要对经济管理学院的所有老师表示衷心的感谢。各位老师扎实的理论功底、开阔的理论视野、生动的教学方式和认真的治学态度给我带来了深刻的影响，在此表示诚挚的感谢和敬意！感谢各位老师的辛勤工作为我创造了良好的学习生活环境；更感谢各位老师在我学习、工作过程中给予的指导，为本书的写作奠定了良好的基础。

　　再次，我要感谢师门的徐莹莹、付静雯、贯君等兄弟姐妹和班级的杨早立、张路蓬等同学。感谢你们在讨论会上畅所欲言，让我了解到更多的学术信息，丰富了本书的研究内容；感谢你们认真准备的每一次讲座，让我学习到更多的理论知识，完善了本书的研究方法；感谢你们在我最孤单迷茫时，给予我关心和鼓励，激励着我继续前进！

最后，我要感谢我的家人！他们的包容和支持，他们的默默鼓励和深深期许，一直是我学习上的强大精神动力。感谢他们对我无私的爱和无尽的关怀，感谢他们对我求学的倾力支持，他们永远是我学习和生活的无尽动力！

另外，在博士论文写作期间，参考和引用了诸多前辈学者的研究成果，在此对他们表示深深的感谢！

"路漫漫其修远兮，吾将上下而求索。"在未来的日子里，我将以此为新的起点，加倍努力，力争在今后的工作和学习中能有新的收获！

附录1 产业技术创新生态系统运行
关键要素初选问卷

尊敬的先生／女士：

感谢您在百忙之中阅读并填写该调查问卷！

1. 此项调查是哈尔滨工程大学经济管理学院"产业技术创新生态系统研究课题组"为深入研究产业技术创新生态系统而进行的一次专项调查。感谢参与问卷填写，回答本问卷可能需要 5-10 分钟。

2. 本研究的目的是从众多产业技术创新生态系统运行要素中甄别出重要的关键要素，从而确定其影响程度。

3. 通过填写此问卷，您可以：①进一步熟悉产业技术创新生态系统稳定运行中的关键要素；②进一步思考您所在产业技术创新生态系统加强稳定性的可能措施。

4. 您的意见和看法将仅用于学术目的，如有涉及您所在集团、组织的重要信息，我们将严格保密。本问卷不需要署名，如果您需要本研究成果，请在问卷最后部分填写您的联系方式。谢谢支持！

哈尔滨工程大学经济管理学院

产业技术创新生态系统研究课题组

术语解释

1. 产业技术创新生态系统（Industry technolody innovation ecosystem）：产业内技术创新群落与技术创新环境，通过创新物质、能量和信息流动所形成的相互作用、相互依存的系统。该系统以市场需求为动力，以政策调控为导向，以良好的创新环境为保障，以实现特定产业的可持续发展为目标。

2.产业技术创新生态系统运行稳定性：在系统运行过程中，系统内的各创新主体为实现既定目标，在一定时期内保持健康竞争合作关系的正常波动状态，这种稳定是相对的、动态的、有效的。

说明：请通过选择备选答案，描述您对产业技术创新生态系统运行影响因素的观点，并根据赞同的程度在相应数字上打"√"（若在电子文档中填写，请直接着涂红色）。选项中 5 个数字代表答案的不同倾向程度：5 分最高，1 分最低。

序号	要素	观点简述	1-不赞同	2	3	4	5-完全赞同
1	创新主体关联度	创新主体关联度主要体现在上下游创新主体在产品和技术等方面的依赖关系，如果系统内系统内的创新主体在在这些方面相互依赖程度高，也易于形成稳定的合作关系。	1-不赞同	2	3	4	5-完全赞同
2	企业家创新精神	企业家的创新精神是指企业家所具有综合运用已有的知识、信息、技能和方法，对企业的管理和研发等方面提出新方法、新观点的思维能力、信心、勇气和智慧，这种创新精神能体现进行技术创新的渴望、对新技术的投资力度等，在一定程度上决定着种群企业技术创新的程度和水平。	1-不赞同	2	3	4	5-完全赞同
3	创新主体多样化	创新主体多样化主要体现在创新产品、创新环境等方面，如果系统内的创新主体在在这些方面差异很大，各自具有独特的优势，那么就很难形成竞争，而易于形成合作关系。	1-不赞同	2	3	4	5-完全赞同

续表一

序号	要素	观点简述	1-不赞同	2	3	4	5-完全赞同
4	领导创新意识	领导创新意识的作用体现在多个方面：如对创新活动发展目标和市场战略的选择方面，对创新资源的发掘和集中使用方面，对创新人才的识别、培训、激励和使用方面，对创新产品市场开拓的策划方面，对创新工作的协调和组织能力等方面。因此，内部领导因素创意意识越积极，产业技术创新生态系统越稳定。	1-不赞同	2	3	4	5-完全赞同
5	关键种企业创新能力	在产业技术创新生态系统中，关键种企业就是在系统运行中使用和传输的物质最多、能量流动规模最大的企业，关键种企业能够带动和牵制着其他创新主体的发展，是居于中心地位的创新种群，对于产业技术创新生态系统运行起着关键和重要的作用。	1-不赞同	2	3	4	5-完全赞同
6	创新技术推动	在产业技术创新生态系统中，创新技术指系统各创新主体在进行创新生产方面的经验、知识和技巧，新的创新技术的产生是创新主体进行创新活动的主要原因。	1-不赞同	2	3	4	5-完全赞同
7	创新资源保障	在产业技术创新生态系统中，创新资源是指为保证系统内创新活动的顺利进行所需的各种资源，包括创新人才、创新资金和产业信息等项资源。	1-不赞同	2	3	4	5-完全赞同
8	创新收益驱动	产业技术创新生态系统中，创新收益驱动是指的系统内各种群企业出于对利润的追求而主动从事创新活动，对创新收益的追求也是企业最主要的创新动力。	1-不赞同	2	3	4	5-完全赞同

续表二

序号	要素	观点简述	1-不赞同	2	3	4	5-完全赞同
9	创新政策支持	在产业技术创新生态系统中，创新政策是指政府种群为激励企业进行创新活动所进行的宏观调控或所颁布的政策、法规。能够获得这些政策上的支持会极大的促进企业开展技术创新。	1-不赞同	2	3	4	5-完全赞同
10	创新需求拉动	创新生态系统的的稳定性受制度制衡的影响，与系统内各企业的合作形式和合作条件相关；政府在基础设施建设、制定法规及政府采购等方面对系统影响显著。	1-不赞同	2	3	4	5-完全赞同
11	市场竞争牵引	在产业技术创新生态系统中，市场竞争是指系统内种群企业业从各自的利益出发，为取得较好的创新产品产销条件、获得更多的市场资源而竞争，这种竞争会牵引创新主体不断的进行创新，以提高产品质量和差异化，从而获得竞争优势。	1-不赞同	2	3	4	5-完全赞同

除以上影响因素外，您认为还有哪些因素对产业技术创新生态系统运行有显著影响：

如果您需要本研究成果，请填写联系方式，我们将及时向您通报：

姓名：　　　　　　电话：　　　　　　E-mail:

非常感谢您参与此项调查！

附录2 产业技术创新生态系统运行调查问卷

尊敬的先生／女士：

感谢您在百忙之中阅读并填写该调查问卷！

1. 此项调查是哈尔滨工程大学经济管理学院"产业技术创新生态系统研究课题组"为深入研究产业技术创新生态系统运行的影响因素而进行的一次专项调查。感谢参与问卷填写，回答本问卷可能需要 25-35 分钟。

2. 本研究的目的是从众多可能条件中甄别、确认产业技术创新生态系统运行的关键要素，通过对不同要素的实际测量、计算，从而确定其对系统稳定运行的影响程度。

3. 通过填写此问卷，您可以：①进一步熟悉产业技术创新生态系统运行的可能影响因素；②进一步思考您所在产业技术创新生态系统稳定运行的可能措施。

4. 为使问卷结论更具科学性，本问卷最好由比较了解企业技术创新情况的人员回答，包括新产品开发项目经理、技术部门经理、营销部门经理，或中高层管理人员、技术人员、营销人员等。请回答全部问题，这点对本研究的成功非常重要。

5. 您的意见和看法将仅用于学术目的，如有涉及您所在集团、组织的重要信息，我们将严格保密。本问卷不需要署名，如果您需要本研究成果，请在问卷最后部分填写您的联系方式。谢谢支持！

哈尔滨工程大学经济管理学院

产业技术创新生态系统研究课题组

术语解释：

1. 产业技术创新生态系统（Industry technolody innovation ecosystem）：产业内技术创新群落与技术创新环境，通过创新物质、能量和信息流动所形成的相互作用、相互依存的系统。该系统以市场需求为动力，以政策调控为导向，以良好的创新环境为保障，以实现特定产业的可持续发展为目标。

2. 产业技术创新生态系统运行稳定性：在系统运行过程中，系统内的各创新主体为实现既定目标，在一定时期内保持健康竞争合作关系的正常波动状态，这种稳定是相对的、动态的、有效的。

一、所在产业技术创新生态系统基本情况

Q1. 您所在产业技术创新生态系统的行政属地：

Q2. 您所在产业技术创新生态系统的名称：

Q3. 您所在企业性质属于：

　　A. 国有或国有控股企业，B. 民营企业，C. 中外合资企业，D. 外商独资企业，E. 其他

Q4. 您所在企业规模属于：

　　A. 小型，B. 中型，C. 大型

Q5. 您所在企业员工规模：

　　A.300 人以下，B.300-2000 人，C.2000 人以上

Q6. 您所在企业主导业务所属行业领域：

　　A. 软件，B. 电子及通讯设备制造业，C. 生物制药，D. 新材料，E. 机械制造，F. 化工和纺织

Q7. 您所在企业发展阶段：

　　A. 创业阶段，B. 发展阶段，C. 成熟阶段，D. 衰退阶段，E. 再次创业阶段

二、产业技术创新生态系统运行影响因素

请通过选择备选答案，描述有关您所在产业技术创新生态系统的实际情况，

并根据符合的程度在相应数字上打"√"（若在电子文档中填写，请直接着涂红色）。选项中 5 个数字代表答案的不同倾向程度：5 分最高，1 分最低。

（一）创新主体关联性

C131	上下游企业之间在产品产量方面的相互依赖情况	1-没有	2	3	4	5-非常普遍
C132	上下游企业之间在产品质量方面的相互依赖情况	1-没有	2	3	4	5-非常普遍
C133	上下游企业之间在产品种类与特性方面的相互依赖情况	1-没有	2	3	4	5-非常普遍
C134	上下游企业之间在财务方面的相互依赖情况	1-没有	2	3	4	5-非常普遍
C135	上下游企业之间在管理经营方面的相互依赖情况	1-没有	2	3	4	5-非常普遍

（二）企业家创新精神

C136	企业家创新欲望的强烈程度	1-没有	2	3	4	5-强烈
C137	企业家对新技术的投资意愿情况	1-没有	2	3	4	5-强烈
C138	企业家对科技和发明的感知能力情况	1-没有	2	3	4	5-强烈
C139	企业家勇于面对不确定性的应对能力	1-很弱	2	3	4	5-普遍
C140	企业创新行为取决于企业家的支持	1-没有	2	3	4	5-普遍

（三）创新主体多样化

C151	创新主体在一、二、三产业分布情况	1-在同一产业	2	3	4	5-三产业分布差异很大
C152	相同产业内的创新主体在主营业务上的差异情况	1-很小	2	3	4	5-很大
C153	创新主体所处的经营环境相似情况	1-很相似	2	3	4	5-很不同

（四）领导创新意识

C161	企业领导对创新活动的重视程度	1-很弱	2	3	4	5-很强
C162	企业领导对创新资源的使用和配置情况	1-很弱	2	3	4	5-很强
C163	主管创新工作领导的更换变化情况	1-经常换	2	3	4	5-长期不换

（五）关键种企业创新能力（关键种企业就是在企业群落中使用和传输的物质最多、能量流动的规模最为庞大，带动和牵制着其他企业、行业的发展，居于中心地位的企业，也是系统产业链的"链核"，也可称核心企业）

C111	系统中关键种企业的数量	1-很少	2	3	4	5-很多
C112	关键种企业相对系统内其他企业规模大小	1-很小	2	3	4	5-很大
C113	关键种企业相对系统内其他企业创新能力强弱	2-很弱	2	3	4	5-很强
C114	关键种企业应对创新市场需求变化的能力	3-很弱	2	3	4	5-很强

（六）创新技术推动

C211	创新主体开发新产品或服务的情况	1-很少	2	3	4	5-经常
C212	创新主体设置专门研发机构进行创新活动状况	1-无	2	3	4	5-很强
C215	创新产品的技术含量情况	1-很低	2	3	4	5-很高
C216	新产品的投入产出率情况	1-很低	2	3	4	5-很高
C231	创新主体使用新技术时与旧技术之间的融合程度	1-很差	2	3	4	5-很好
C233	创新技术储备情况	1-没有	2	3	4	5-很好

（七）资源保障

C241	创新主体内专业技术人员充足情况	1-不足	2	3	4	5-很充足
C242	创新主体获得研发资金的情况	1-很困难	2	3	4	5-很容易
C243	创新主体获得技术创新活动所需的物质资源情况	1-很困难	2	3	4	5-很容易
C244	创新主体进行创新活动所需的技术和知识情况	1-很困难	2	3	4	5-很容易

（八）创新收益驱动

C321	创新主体在同行业市场竞争中的状况	1-很弱	2	3	4	5-很强
C322	现有创新产品的利润回报情况	1-很差	2	3	4	5-很好
C323	开发新一代创新产品的投资回报预测情况	1-很差	2	3	4	5-很好

（九）创新政策支持

C351	本地政府对产业技术创新生态系统理论的倡导状况	1-没有	2	3	4	5-很支持
C352	设置专门部门对于指导和推动该系统发展的情况	1-没有	2	3	4	5-很积极
C353	政府关于创新主体对相关政策、法规方面需求的回应情况	1-没有	2	3	4	5-很积极
C354	政府采购系统创新产品的情况	1-没有	2	3	4	5-很积极
C355	政府对于系统成员出售创新产品的导购及推荐情况	1-没有	2	3	4	5-很积极

（十）市场需求拉动

C332	消费者对成员企业提供的产品新需求的情况	1-很弱	2	3	4	5-很强
C333	创新主体对于消费者关于创新产品的反馈回应情况	1-很差	2	3	4	5-很好
C335	创新主体对行业的创新产品前景研究情况	1-无	2	3	4	5-清楚

（十一）市场竞争牵引

C341	行业内竞争对手的数量情况	1-很少	2	3	4	5-很多
C342	创新主体与竞争对手的产品差异性情况	1-很小	2	3	4	5-很大
C343	竞争对手的创新行动回应情况	1-无	2	3	4	5-很快
C344	竞争对手进行技术创新活动情况	1-很少	2	3	4	5-很经常

请对本研究的意义和方法提出建议和希望：

_____

如果您需要本研究成果，请填写联系方式，我们将及时向您通报：

姓名：

E-mail：

电话：

非常感谢您参与此项调查！